HULA Le'a 特別編集

ハワイの神話

モオレロ・カヒコ

Mo'olelo Kahiko

新井 朋子

はじめに

ハワイの人々は今でも神様の存在を信じています。

2008年にハワイ島のハレマウマウ火口が約80年ぶりに噴火しました。そのときハワイでは、火山の女神ペレの怒りに触れたのではないかと噂が広がったそうです。
またこんな話も聞いたことがあります。新しいビルを建てようとしたところ、あるひとつの石をどうしても動かすことができなかったそうです。それはマナ（神秘の力）を宿した特別な石に違いないと、カフナと呼ばれる聖職者に祈りを捧げてもらうと、てこでも動かなかった石がすんなりと動いたという話です。
ハワイではこのようなニュースは決して特別なものではありません。そしてこれらの話もやがて神話として語られていくのでしょう。

ハワイに行ったことのある人や、これから行きたいと思っている人は、自分が訪れた場所や知っている場所にまつわる神話を探してみてください。フラを踊る人やウクレレを弾く人は、好きな歌やその歌にうたわれた場所の神話を読んでみてください。きっとその土地や、その歌に、より親しみを感じられるようになるでしょう。

※ 元々、ハワイには文字がありませんでした。そのため、伝説や言い伝えにはさまざまな説があり、地名や名前も話によって異なります。本書で紹介する神話はいくつかの資料を参考にして書き下ろしたものです。

もくじ

photo by Midori Kitta

Pō
源

「Pō ポー」とは暗闇、神々の領域のことです。ハワイの王家に代々伝えられてきた天地創造のチャント*『クムリポ』によると、この世は暗闇の世界ポーからはじまりました。クムリポとはハワイ語で「源、生命の起源、ミステリー」という意味です。やがてその混沌とした秩序のない世界に光が射し、光の世界アオ(ao)が現れます。この世がはじまり、生物が進化し、神々が登場し、人間が生まれ、そこから王が登場し、そして代々の王の名が続きます。このようにポーとは全ての源を表しています。

＊チャント … 歌のこと。ハワイの人々は歌を詠唱して神とコンタクトをとっていました。ハワイには文字がなかったので、大切なことを歌にして次の世代に伝えていました

クムリポ

クムリポとは、ハワイの王家に伝えられた天地創造のチャントのことです。

この世が生まれ、海の動物、陸の動物が登場し、やがて人間があらわれ、そこから首長が登場するといった長い歴史が、2102行にわたって綴られています。

クムリポをはじめて公にしたのは、ハワイ王朝第7代目の王であるカラーカウア王です。彼はクムリポをハワイ語で書き記しました。それがカラーカウア・テキストと呼ばれるものです。その後、リリウオカラニ女王が英語に翻訳しました。

王家の大切なクムリポを公開したのは、ハワイ王朝末期という激動の時代の中で、ハワイ文化を世に広めるためだったとも、正しい血筋を証明するためだったともいわれています。

【第１段階】　そのとき大地が熱くなった
そのとき天がひっくり返った
そのとき太陽の光がかげった
光が射すように
そのときマカリイ（プレアデス星団*）の夜がはじまった
つぎにどろどろとしたものが生まれ、大地を造った
まっくら闇の源
深い闇、深い闇
太陽の闇、夜の闇の中で
夜だ
そして夜が生まれた

クムリポは、この世の源である闇の世界、ポーの時代からはじまります。
まっくらな闇の中、天地がひっくりかえり、どろどろとしたものがあらわれて、やがて大地を造りました。
それはこの地球のはじまりともとれますし、火山が噴火してできたハワイ諸島のはじまりともとることができます。
暗闇の中の混沌とした様子があらわれています。
さらにつぎのように続きます。

夜の中にクムリポ（源）という男が生まれた
夜の中にポーエレ（闇夜）という女が生まれた
サンゴ虫が生まれ、それからサンゴが生まれた

＊プレアデス星団 … 和名すばる。冬の代表的な星座、おうし座の肩に位置する

ミミズが生まれ、それらが土を集めて盛り上げた
そこからミミズが生まれた
ヒトデが生まれ、ヒトデの子どもが生まれた
ナマコが生まれ、ナマコの子どもが生まれた
小さなウニから小さなウニが生まれた
ウニからウニが生まれた

この後、何種類ものウニが生まれ、他にもいろいろな貝類が登場します。第２段階では、魚をはじめとする海洋動物があらわれます。サメ、ウナギ、カニ、カツオ、ボラ、カレイ、アジ、バラクーダ、メカジキ、ヒメジなど、その種類は実にさまざまです。

【第３段階】　これが男、それが女
暗闇の時代に男が生まれた
泡の時代に女が生まれた
海が広がり、陸が広がり
しだいにポニウ（フウセンカズラの一種）が成長し、
ハハ（茎、タロの葉）が伸びて、９枚の葉をつけ、
パライ（シダ）が芽を出して、高位の首長の４枚の葉をつけた
ポーエレエレという男（闇）が生まれ、
その男はポハハという女（泡）と暮らした
そしてハハ（タロの葉）の子孫をつくった
ハハ（タロの葉）が生まれた

第３段階で、タロイモが生まれました。続いて、昆虫、鳥などの飛ぶ物が登場します。

第４段階になると、さらにいろいろな植物が茂り、クモ、アリなどの地を這う物があらわれます。
第５段階では、前半にブタが登場し、鼻で土を掘り返すと伝えています。続いて多種多様な人種が登場します。頭が平たい者、肌が白い者、肌が黒い者、巻き毛の者。また情愛のある者、恥ずかしがり屋の者、家系を自慢する者などです。
陸地もどんどん広がり、いろいろな人種が増えてきました。
第６段階では、ネズミ、ウサギが登場します。
第７段階では犬が登場します。黄色い犬、小さな犬、毛のない犬、生贄になる犬などがあらわれます。

【第８段階】　人々は立ち上がり
人々は横たわる
彼らは長い時間眠り続ける
そして群れになって次から次へと移動した
神々の額は赤い
人の額は黒い
あごは白い
そして静寂のとき、人間は増えた
長い間の静寂
それはライライ（静けさ）と呼ばれた
ライライという女が生まれた
キイという男が生まれた
カネという神が生まれた
カナロア神である偉大なカヘエハウナヴェラ*が生まれた
それが昼だ

＊カヘエハウナヴェラ … カヘエハウナヴェラとはハワイ語で「とても変な匂いのするイカ(タコとする説もある)」という意味です。そのためイカ（またはタコ）がカナロア神の化身だと考えられています

第８段階ではライライという女とキイという男の誕生の後、カネとカナロアという偉大な神が生まれます。そして「男」と「女」の間につぎつぎと子どもが生まれていきます。
その過程でポーエレイ（真夜中）とポーエレア（夜明け）という双子が生まれました。
末っ子はウェヒロア（いっぱいに広がった）という子どもでした。
こうして人間はどんどん増えていきました。アオ（昼）の時代のはじまりです。

第９段階では、第８段階で生まれたライライという女性の脳から、息子が生まれます。ライライはキイとの間に何人もの子どもたちを生んでいきます。
その後もライライは、第10段階から第12段階にかけて、つぎつぎと子どもを生み続けます。その出産とともにキス、争い、喧嘩、傲慢などが生まれました。

第13段階（第12段階の枝）でも、ライライの子孫は増え続けます。「切り立った崖」「食べられた葉」「堅い板」「雨の誕生」「白い露」「美しい髪」といった名前の子どもたちが生まれました。
一方、大地の女神ハウメアについても述べられています。ハウメアは神であるカナロアアクアと住んでいること、８つの姿を持っていること、そして彼女の脳から、たくさんの子どもたちが生まれたと伝えています。

パパは地を探した
パパは天を探した
陸を生みだしたパパ

パパはワーケアと住んでいた
ハアロロ*という娘が生まれた
その娘の誕生とともに、怒りと嫉妬が生まれた
ワーケアはパパを欺いた
そして月日を変更した
カネ（月齢27日目）の夜を月の終わりにして
ヒロ（月齢1日目）の夜をはじめにした
そして家の敷居をタブーとした
それがワーケアの住む家

父ワーケアと母パパとの間に娘ハアロロが生まれました。ところがワーケアはあろうことに娘を欲したのです。
そこでワーケアは、月をまたぐ2日間は夫婦は夜をともにしてはいけないというタブーを作りました。

＊ハアロロ …「クムリポ」では、パパとワーケアの娘はハアロロとされていますが、他の話ではホオホクカラニとなっている場合があります

家長の食べ物はタブーとなった
酸っぱいアペ（タロに似た植物）はタブーとなった
酸っぱいアキア（植物の一種）はタブーとなった
苦いアウフフ（植物の一種）はタブーとなった
薬となるウハロア（植物の一種）はタブーとなった
酸っぱいラアロ（植物の一種）はタブーとなった
敷地の端に育つハーロアは、タブーとなった
ハーロアという植物は、葉が成長して大きくなった
昼の中にハーロアの子孫が生まれ
成長した

ワーケアは娘と関係を持ちます。その結果、娘ハアロロは二人の子どもを身ごもりました。
最初に生まれた子どもはすぐに庭の隅に埋められてしまいました。するとそこからタロイモが生えてきました。それはハーロア（長い茎という意）と名づけられました。
二番目の子どもには、そのタロイモの名前をもらってハーロアと名づけられました。そしてこのハーロアがハワイアンの祖となりました。
このことから、タロイモはハワイアンにとって兄のような存在だと考えられているのです。

第14段階でも、どんどん人間が増えていきます。「征服された」「夜の影」「天の髪」「雲に上る」「たくさんの夜」などという意味の名前が続きます。
その後マカリイ（プレアデス星団）をはじめとする星座の名前が延々とあがっています。また深い海の中でワーケアによって発見されたヒナの誕生についても触れられています。

【第１５段階】アカラナが夫、ヒナアケアヒ（火のヒナ）がその妻
最初のマウイが生まれ、真ん中のマウイが生まれた
やがてしゃがんだマウイが生まれ、マロ（ふんどし）
のマウイが生まれた
そのマロは、アカラナが締めていた

第15段階で、マウイが登場します。
マウイは、アカラナとヒナの間に生まれた４人兄弟の末っ子として生まれました。
でもこの末っ子マウイは、ヒナとアカラナとの間の子ではなく、ヒナがアカラナのマロを身につけたことで身ごもった子どもだったのです。

マウイは泣きながら、父についてたずねた
ヒナは、彼には父親はいないのだと否定した
アカラナのマロが父親だと

ここでヒナは、マウイに、あなたの父親はマロ（ふんどし）だと告げます。

ヒナアケアヒは魚を欲した
釣りの技術を習得していたマウイは、ヒナアケアヒに
送り出された
親を捕まえてくるように
ここにあるのが釣り糸と釣り針
マナイアカラニと呼ばれる釣り針
その釣り針が島をひっかければ、太古の海も一緒に釣り

上げられるだろう

真実を告げたヒナは、マウイに魔法の釣り針を授けて冒険に送り出します。
マウイが島を釣り上げた神話の中で取り出したのが、この魔法の釣り針です。

ヒナケカは、ペアペアに誘拐された
偉大なるコウモリの神
マウイはつぎつぎと攻撃した
八つ目のペアペアの目をひっかいた

この一節は、マウイが八つ目のペアペアという怪獣から、母親を救った冒険を伝えています。

マウイは無謀にも、太陽と戦った
マウイは縄で罠を仕掛けた

この一節は、本書「太陽を捕まえたマウイ」でマウイが太陽を捕まえて進み方を遅くするよう約束させた話です。

最後の第16段階では、マウイと妻ヒナケアロハイラの間に子どもが生まれたことからはじまります。やがてマウイの子孫は、マウイ島の王族ピイラニや、ハワイ島の王族ウミなどと結婚し、地位の高い王族となりました。代々の王とその妃の名前が連なります。
そして最後に「ロノ・イ・カ・マカヒキ王子に捧げる」という一文で締めくくられ、2102行にもわたる長い長いチャントが終わります。

ほかにもあるハワイの神話1

パパとワーケア

大地の女神パパと天の神ワーケアが結婚してハワイ島、マウイ島、カホオラヴェ島が生まれました。
しばらくしてパパがカヒキ*へ里帰りしている間に、ワーケアはカウラという女性との間にラナイ島を、さらにヒナとの間にモロカイ島をもうけました。それを知ったパパは、夫へのあてつけで、ルアという若者と関係を持ちオアフ島を生みます。
やがてパパとワーケアは仲直りをして、カウアイ島とニイハウ島が誕生したということです。

天地創造

ある時、パパがヒョウタンを生みました。ワーケアがそのヒョウタンの上部を高く放り投げると、それは天になりました。果肉は太陽に、種は星に、内側の白い部分は月に、下部は大地と海になりました。こうしてこの世が創られました。
この話には四大神のバージョンもあります。カネがヒョウタンを放り投げて天地を創造し、カナロアが海を生き物で満たし、クーが木々を茂らせて森を造り、ロノが作物を実らせたというお話です。

神が創った人間

四大神はこの世を治める人間が必要だと考えました。カネが赤土で人間の形を作り、命を吹き込みました。男の誕生です。
やがて男は自分の影に話しかけるようになります。もちろん返事はありません。悲しむ男の姿を見た四大神は、男の影に命を与えて女を創りました。これが人間のはじまりだというお話があります。
ほかに神は男のあばら骨から女を創ったという話もあり、キリスト教の影響がみられます。

＊カヒキ … 神々が住むとされているハワイから遠く東方にある島。タヒチを表すこともあります

photo by Midori Kitta

ハワイの神話 story.02

Akua Wahine
女神

ハワイの神話にはたくさんの女神が登場します。火山の女神ペレ、月の女神ヒナ、雪の女神ポリアフ、大地の女神ハウメア、パパ、フラの女神ラカ、ヒイアカ。ほかにも虹、風、霧、植物などの女神がいます。これらの女神たちの神話の共通点は、情緒的だということです。何か事が起こり、それによって心が揺れ動く様子や、困難を乗り越えて成長していく過程は、わたしたちも大いに共感できるところです。恋愛に悩んだり、トラブルに困惑したりする一面があるからこそ、わたしたちはハワイの女神たちに親しみを覚えるのでしょう。

ハワイの神話〈女神〉

ペレ

PELE

ハワイの女神を代表する火山の女神ペレ。今でもハワイの人たちはペレの存在を信じ、畏れ、崇めます。ペレは情熱的で、嫉妬深く、短気で、負けず嫌いな性格として知られています。気に入らないとすぐに溶岩を流すなど、その激しい性格を描いた神話がたくさんある一方で、人々に危険を知らせたり、兄や叔父の言うことに従ったり、愛情深かったりする一面を伝える話もあります。ハワイの島々は火山が噴火してできたものです。ハワイに住む人々も、ハワイで心地よく過ごせているわたしたちも、みんなこのペレの恩恵に浴しているのです。

ペレの旅

はるか遠い神々の国のお話です。

父モエモエアアウリイと母ハウメアとの間には、何人もの息子と娘がいました。

その娘のひとりに有名な火山の女神ペレがいました。

艶やかな黒い髪、崖のようにぴんと伸ばした背筋、月のような豊かな胸。成長するに従って、ペレはどんどん美しくなりました。

ペレには、海の向こうへ旅に出たいという想いがありました。その想いは時が経つにつれて、ますます高まっていきました。

それは次のチャントにも詠われています。

カヒキから、その女性ペレがやってきた
ポラポラの島から
カネの立ち上る霧と空の雲から
カヒキの輝く雲から
ペレはハワイにあこがれていた
ホヌアイアーケアというカヌーが造られた
あなたのカヌーです、この旅を共にするカモホアリイ*
カヌーに荷物を積み込んで準備ができた
大地を創る者のためのカヌー

ペレは神々の国で両親や大勢の兄弟、姉妹たちと暮らしていましたが、ハワイへのあこがれを抑えることができずに冒険の旅に出ます。
実際には、旅に出た理由について、いろいろな説があります。神の国で火事を起こしたために追放されたという説、姉の夫を誘惑したために姉に追放されたという説、洪水が起きてそこに居られなくなったという説などです。ここでは、ペレがハワイにあこがれて冒険の旅に出たというお話を紹介します。

長い間、海の向こうのハワイへの旅にあこがれていたペレは、ある時、思い切って父モエモエアアウリイにその気持ちを打ち明けました。
「どうしてもハワイへ行きたいのです。わたしを旅に出してください」
父はたずねました。
「お前の大切な卵の妹ヒイアカはどうするのだ？」
ペレはこたえました。
「わたしが一緒に連れていきます」
それを聞いた父はうなずいて言いました。
「いいだろう。兄さんたちにも助けてもらいなさい」

＊カモホアリイ … ペレの兄のひとり

ペレは父の許可を得て大喜びしました。やっと念願の旅に出ることができるのです。
さっそくペレは、一番上の兄カモホアリイのところに行きました。カモホアリイは海の神でもあり、サメの神でもあります。ペレは兄にハワイへの旅について説明しました。
カモホアリイが言いました。
「分かった。では、特別なカヌーを用意してやろう」
海の守護者カモホアリイはとてもパワフルな神様です。兄の協力があれば、怖いものはありません。ペレは兄に感謝しました。
「ありがとう。はやく旅に出たいわ」

最初にカモホアリイは立派なカヌーを用意しました。つぎに十分な食料をカヌーに積み込みました。最後にケアウミキ（潮）とケアウカ（流れ）を櫂の漕ぎ手に命じました。
これで準備は万端です。カモホアリイはカヌーの船首に立ちました。ほかの神々も乗り込みました。ペレも卵のヒイアカを大切に抱えてカヌーに乗り込みました。後にヒイアカは、ハワイで卵からかえってフラに関係する女神となります。
カモホアリイが叫びました。
「よし、出航だ！」

カモホアリイは時にカヌーを操り、時にサメに姿を変えてカヌーを導きました。一行は順調に航海を続け、やがてハワイ諸島にたどり着きました。
最初にカヌーが向かったのはニホア島でした。ペレは島に上陸して、自分にふさわしい家を探したのですが見つかりませんでした。火山の女神ペレは、聖なる火をずっと燃やし続けることのできる深い火口を必要としていました。
つぎにペレたちを乗せたカヌーは、ニイハウ島に向かいました。ペレは魔法の鋤を使って火口を掘ることにしました。かなり深くまで火口を掘っていると、そこにペレの姉のナマカオカハイがやってきて、火口を水浸しにしてしまいました。海のそばで掘っていた火口に、大量の海水を流し込んだのです。ナマカオカハイは、冒険の旅に出た妹のペレに嫉妬して後を追ってきたのでした。水の神ナマカオカハイは、火の神ペレとは昔からそりが合わず、よく衝突していました。
ペレはカモホアリイに頼んで、カウアイ島へ移動しました。そこでもまた火口を掘りましたが、同じようにナマカオカハイによって水浸しにされてしまいました。
さらにオアフ島へ移動しましたが、同じことの繰り返しでした。
そしてマウイ島ハナにたどり着いたとき、とうとうペレは直接姉のナマカオカハイと対決することにしました。しかし火が水に消されてしまうように、やはり火の女神よりも水の女神のほうが強かったのです。ペレはナマカオカハイとの戦いに敗れて死んでしまいました。敗れたペレは肉体とスピリットを引き裂かれてしまったのです。

そのときの戦いを物語るように、今でもマウイ島ハナの近くには、カイヴィオペレ（ペレの骨）という山があります。
スピリットとなったペレは、ハワイ島へ飛んでいきました。そこでマウナロア山にある大きくて深い火口を見つけました。ここなら聖なる火を燃やし続けることができます。しかもこの火口は海からも遠く、高い山の上にあるので、いくらナマカオカハイでも海水を流し入れることは不可能です。
こうしてようやく永住の地をみつけたペレは、今でも、そのハワイ島のキラウエア火口で火を燃やし続けているのです。

ペレとロヒアウ

ある日、火山の女神ペレは、お気に入りの一番下の妹ヒイアカを呼んで言いました。
「わたしはこれから長い眠りにつくわ。この眠りは夫を探す旅になるでしょう。9日たってもわたしが目を覚まさないときは、チャントを唱えて起こしてちょうだい。頼んだわね」
そしてペレは眠りにつきました。

ペレが眠りにつくと、彼女の魂は体から抜け出しました。ペレの魂はしばらく近くをさまよっていましたが、やがて遠くから聞こえてくる太鼓の音とチャントを唱える声に気がつきました。それは力強く心を揺さぶられるような声でした。すっかりその声に魅せられたペレの魂は、その声の持ち主に会ってみたくなりました。
そのチャントの声をたよりに、ペレの魂は、ハワイ島からマウイ島、ラナイ島と、つぎつぎにハワイの島々を渡り、最後にカウアイ島にたどり着きました。
その力強いチャントの声はとても大きく聞こえてきます。声のするほうへ向かったペレの魂は、カウアイ島北部で行われている盛大な祝宴にたどり着きました。
「やっとすばらしい声の持ち主を見つけたわ」
それはカウアイ島の王ロヒアウの声でした。

ロヒアウのチャントが終わると、ペレは若くて美しい人間の女性の姿になって、ロヒアウの前に現れました。
ロヒアウがたずねました。

「あなたは誰ですか？　この島の人ではありませんね」
ペレがこたえました。
「わたしはハワイ島からきました。あなたのすばらしいチャントの声に導かれて」
ペレとロヒアウはすぐに互いに惹かれ合いました。そしてロヒアウはその場でペレにプロポーズをし、二人は結婚しました。
二人が幸せな新婚生活をはじめて９日目に、ペレはヒイアカが唱えるチャントを耳にしました。もうすぐ魂を体に戻して目覚めなくてはなりません。
ペレはロヒアウに言いました。
「わたしはここに居続けることはできません。ハワイ島へ帰らなくてはならないのです。妹を迎えに寄越しますから、それまで待っていてください」
そしてペレはロヒアウの前から消えてしまいました。

ハワイ島で長い眠りから覚めたペレは、妹たちを呼び寄せました。
「誰かカウアイ島に、ロヒアウを迎えに行ってちょうだい」
しかし妹たちはペレが嫉妬深く、気が変わりやすいことを知っているので、なかなか引き受けようとはしませんでした。そこでペレはヒイアカに命じました。
「おまえに頼むことにするわ。カウアイ島からロヒアウを連れてきなさい。ただし彼を愛してはいけない。お前にはロヒアウはカプ*とする。それを忘れてはならない。40日間で連れて帰ってくるように」
ヒイアカはこたえました。
「分かりました。お姉さんの旦那様を迎えに行ってきます。でもお願いがあります。これだけは約束してください。わたしの友だちのホーポエとわたしのレフアの林に手を触れないと」
「いいわ。おまえのホーポエとレフアの林を守ると約束しましょう」

大昔のハワイには、そこらじゅうに魔物や怪物が住んでいました。そのためいくつもの海や島を渡ってカウアイ島まで行って帰ってくることは、非常に危険なことでした。
ペレはヒイアカに、魔物や怪物と戦うための魔法の力と、稲妻を起こす魔法のスカートを授け、不思議な力を持つシダの女神パウオパラエをお供につけました。

翌朝、ヒイアカはパウオパラエとともに出発しました。
山の中の道なき道をどこまでも進み、足場の悪い海沿いの荒地を越え、潮の流れが急な海峡を舟で渡っていきます。

＊カプ … タブーのこと。「神聖なもの」という意味。厳しく禁止される物や行為を表します

森に入れば、悪霊のいたずらによって、深い霧の中で木の枝や根に捕らわれそうになりました。川を渡ろうとすれば、モオと呼ばれるトカゲの怪物に襲われます。また崖づたいの細い道を行けば、眼下には人食いサメが歯をむき出して待ち構えているのが見えました。
ヒイアカはパウオパラエと協力しながら、魔法のスカートで稲妻を起こし、魔法の力で精霊を呼んで、魔物や怪物と戦い続けながらカウアイ島をめざしました。
ハワイ島を出て、島々を渡っていくうちに、細かった月は満月になり、やがて再び細くなりました。
「少しも時間を無駄にできないわ」
ヒイアカは怪物たちとの戦いに時間をとられて、なかなか先に進めないことに焦りを感じていました。

ようやくヒイアカは、カウアイ島にたどり着きました。さっそくロヒアウを探しますが、島中どこを探して見つかりません。40日以内で帰るというペレとの約束の期限も迫ってきています。
ヒイアカは途方に暮れてしまいました。

しばらくするとパウオパラエが、カウアイ島の精霊たちから、ロヒアウが死んだという知らせを持ち帰ってきました。ロヒアウは、ペレを恋しく思うあまりに死んでしまい、魂の抜けた体は魔物たちによって洞窟の中に捕らえられているというのです。
ヒイアカが言いました。
「ロヒアウの体に魂を戻せば、生き返らせることができるわ！」
パウオパラエがこたえました。
「この島の精霊たちの助けを借りましょう」
ヒイアカとパウオパラエは、カウアイ島の精霊たちとともに魔物たちと戦ってロヒアウの体を取り戻しました。つぎにさまよっていたロヒアウの魂を捕まえると、体の中に戻し、なんとかロヒアウを生き返らせることに成功しました。
ヒイアカは意識を取り戻したロヒアウに言いました。
「ロヒアウ様、わたしはペレの妹のヒイアカです。お迎えにあがりました」
ロヒアウはゆっくりとこたえました。
「ああ、愛しいペレ。はやく会いたい」

細かった月は、再び満月に近づいてきました。ヒイアカの献身的な看病のおかげで、ロヒアウは少しずつ体力を回復させました。ロヒアウは甲斐甲斐しく自分に尽してくれるヒイアカに、しだいに惹かれていきました。またヒイアカも、少しずつロヒアウに思いを寄せるようになりました。けれども決してロヒアウを愛してはならないというペレとの約束を忘れることはありませんでした。
ようやくロヒアウは元気を取り戻しました。ヒイアカとパウオパラエは、ロヒアウとともにハワイ島に向かって、カウアイ島を出発しました。三人はできるだけ急いで旅を続けました。しかしカウアイ島でかなりの日数を費やしてしまったために、ヒイアカはペレとの約束どおりに40日でハワイ島へ帰ることができませんでした。

一方、ハワイ島では、ペレがヒイアカとロヒアウの到着を、じりじりしながら待っていました。
「約束の40日が過ぎた！　ヒイアカはわたしを裏切ったのだ！」
ついにペレは怒りを爆発させました。
「ヒイアカはわたしのロヒアウを奪ったのだ！」
一度火がついてしまったペレの怒りは、収まるところを知りません。

赤く燃えた溶岩が火口から吹き上がり、ヒイアカの親友のホーポエと、レフアの林めがけて勢いよく流れ出しました。
ホーポエとレフアの森は、あっという間に溶岩に飲み込まれ、全てが焼きつくされてしまいました。
溶岩が冷えると、ホーポエは黒い溶岩の塊に姿を変えていました。その溶岩の塊は波打ち際にうまくバランスをとって立っていて、風が吹いたり地震があるたびに、ゆらりゆらりと揺れました。それ以来、ホーポエが姿を変えた石は、踊る石と呼ばれるようになりました。

ヒイアカとロヒアウは、お互いに惹かれ合っていることを知りながら

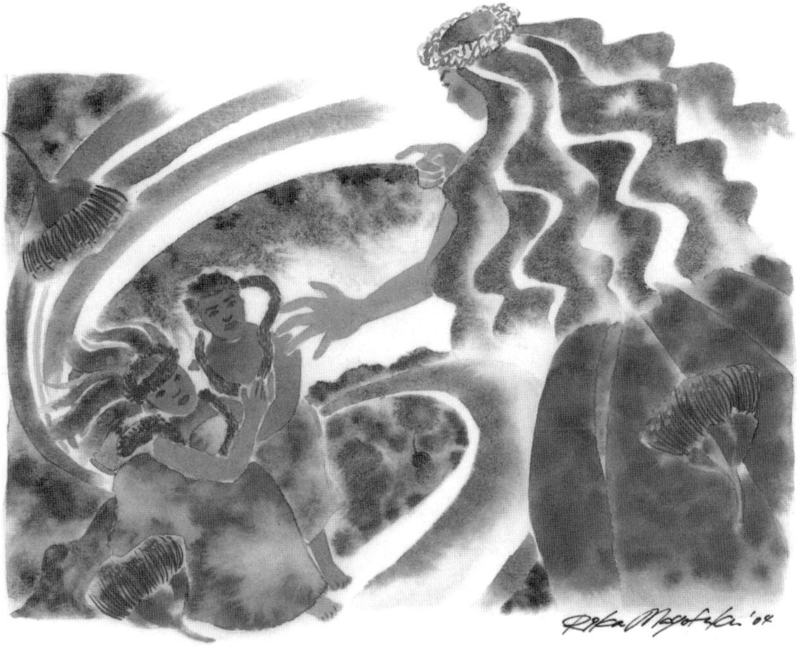

旅を続けていました。途中、ロヒアウは、何度かヒイアカに自分の気持ちを伝えて、プロポーズをしました。しかしペレへの忠誠を誓っていたヒイアカは、決してロヒアウのプロポーズに応じることはありませんでした。

やがてヒイアカとロヒアウは、ペレのいるハワイ島へ到着しました。

そこでヒイアカは、変わり果てた親友ホーポエとレフアの林を見て、言葉を失いました。

「酷いわ……」

そこにペレが現れました。

「ヒイアカ、あなたはわたしを裏切ったね」

ヒイアカは、ペレが一方的に怒りを爆発させて、親友のホーポエと大切にしていたレフアの林を溶岩で焼き尽くしたことを知りました。自分はペレとの約束を守り、ロヒアウのプロポーズにも応えることなくハワイ島まで戻ってきたのに、ペレは約束を破ったのです。

ヒイアカは、ペレの住む火口を見下ろす高台で焼け残ったレフアの花でレイを作り、ロヒアウに捧げました。そしてペレの目の前で、ロヒアウとかたく抱き合いました。

ロヒアウも、ヒイアカとの約束を破ったペレに心残りはありませんでした。

二人が抱き合っている姿を見たペレは怒り狂いました。

ペレは火口の縁に仁王立ちになって言いました。

「二人とも許さない！」

火口からまっ赤な溶岩が吹きあがりました。それは大きな波のように、ヒイアカとロヒアウに襲いかかりました。ペレの怒りはすさまじく、溶岩はどこまでも二人を追いかけていきます。

ヒイアカとロヒアウは降りかかる火の粉を払いながら、命からがらカウアイ島へ逃げ帰りました。

カウアイ島についたヒイアカとロヒアウは、ようやく静かで平和な日々を手に入れて幸せに暮したということです。

こぼれ話

ペレとヒイアカの呼び名

ペレは、ペレホヌアメア（聖なる大地のペレ）、ペレアイホヌア（大地を食べるペレ）、ペレクムホヌア（大地の源）などと呼ばれることがあります。またヒイアカはヒイアカイカポリオペレ（ペレの胸に抱かれたヒイアカ）と呼ばれ、チャントでも歌われます。

このストーリーを歌ったハワイのメレ(歌)

♪ *Mai Kahiki Pele Nokenoke*

ペレはカヒキからハワイへやってきました。カウアイ島で火口を水浸しにされ、安住の地を求めてさらに南下していくことを歌っています。

♪ *Aia Lā ʻO Pele*

ハワイ島でやっと永住できる火口にたどり着いたペレが、勢いよく溶岩を流し続ける様子を歌っています。

♪ *Hōpoe*

ペレが、ヒイアカとロヒアウの間を邪推して、ヒイアカの親友ホーポエを焼き殺し、石に変えてしまったことを歌っています。

ペレとポリアフ

ある日ポリアフが友人たちと一緒に山の斜面でそり遊びをしていました。それは昔ハワイの王族たちが行っていた、ホールアと呼ばれる細長い木のそりで草を敷いた山の斜面を滑り降りるスポーツです。
真っ白なタパのマントをまとったポリアフたちは、笑い声をあげながら、誰が一番長く滑り降りることができるかを競争しています。
青い空。谷に沿って吹き上げられる潮風。緑の葉にきらきらと反射する光。美しいハワイの一日です。
しばらくするとポリアフたちの前に、黒いマントをはおった美しい女性が現れました。

黒マントの美女はポリアフに言いました。
「あなたと競争したいわ。でもそりを持っていない」
「わたしのそりを貸してあげましょう」
ポリアフの友人の一人が、自分のそりを差し出しました。
美女はそりを受け取ると、お礼も言わずに草の斜面をどんどんのぼっていきます。ポリアフも彼女の後についていきました。
少し斜面をのぼったところから、黒マントの美女が先にそりで滑り降りました。彼女はポリアフの友人たちの横を猛スピードで下っていきます。競争したいと言うだけあって、なるほどかなりの腕前でした。
つぎにポリアフも美女の後から滑り降りました。ポリアフはどんどんスピードを上げていき、途中で黒マントの美女を抜き去ります。
そりから降りると黒マントの美女が言いました。
「このそり、滑りづらいわ」
別のポリアフの友人が、自分のそりを差し出しました。
そのそりを借りて黒マントの美女は再び挑戦しますが、今度もポリアフに負けてしまいます。
「このそりが悪いのよ」
「そりはどれも同じよ。わたしのそりを貸してあげるから、もう一度競争しましょう」
ポリアフはそう言うと、自分のそりを差し出しました。
黒マントの美女は、自分のそりとポリアフのそりとを交換して言いました。
「もっと高い所から競争したいわ。今度はあなたから先にスタートして」
ポリアフが滑り出すのを見届けると、黒マントの美女は足で地面を踏み鳴らしました。すると地面が大きく揺れて熱くなりました。そして突然、ポリアフの前方の斜面に大きな裂け目が現れました。
彼女はペレだったのです。いまやペレは黒いマントを真っ赤に燃やし、目をぎらぎらと輝かせながら、ポリアフの後からそりに乗って追いかけてきます。
斜面の下のほうからその様子をみていたポリアフの友人たちは、宿敵ペレが現れたことに大変驚きました。このままではポリアフは大きな裂け目に落ちてしまいます。
「ポリアフを助けるのよ！」
友人たちは両手をあげ、必死にチャントを詠唱しました。すぐにどこからともなく雲が現れて空を覆いました。
それを見たペレは怒りに燃えて叫びました。
「火よ吹き上がれ！」
ポリアフの前方にある裂け目から火柱が上がり、溶岩がどんどん流れ出してきました。
スピードがついているポリアフは、もう止まることはできません。そのまま火柱の中に突っ込むしかありませんでした。
そりに勢いがついていたおかげで、ポリアフはなんとか裂け目を飛び越えることができました。けれども白いマントに火が燃え移っています。ポリアフはそりから飛び降りて、マントの火を振り払いました。そしてくるりと後ろを向き、ペレを見据えたのです。
ポリアフはマントを広げました。白いマントがまぶしいほどに輝きました。するとマウナケアの山頂から氷のように冷たい風が吹きつけ、雪が降りはじめました。
ペレは寒さに震え上がりました。
「溶岩よ、流れよ！」
ペレは叫びました。裂け目から溶岩を流して、ポリアフを焼き殺そうと思ったのです。
けれども溶岩はポリアフの冷たい風に急激に冷やされてどんどん固まってしまいます。吹き上がる溶岩の流れは細くなりましたが、それでもまだポリアフに向かって流れていきました。
ポリアフはじっとその場に立って動きませんでした。溶岩はポリアフの目の前まで迫ってきましたが、突然二つに分かれ、ポリアフの左右を流れていきました。
ペレは目の前で起きていることが信じられませんでした。しだいにペレの怒りの炎は勢いを失い、赤々と燃えていたマントは黒に戻り、目の輝きは鈍りました。そしていつの間にかペレの姿は消えていました。
ペレとの戦いに勝ったポリアフは、友人たちと一緒にマウナケアへ帰りました。
それ以来、ペレは決してポリアフの住むマウナケアのほうには足を踏み入れないそうです。そのため今でもハワイ島の北側は緑豊かで、南側は乾燥した荒地が広がっているのだそうです。

こほれ話

ホールアとポリアフ

ホールアとは、王族が好んだそり滑り。山の斜面に石垣を組んで巨大な滑り台を作り、滑る面に石を敷き詰めました。その上に草を敷いて滑りやすくして、木製のそりに腹ばいになって、一気に滑り下りるスポーツでした。
また、マウナケアの雪の女神ポリアフは、四姉妹だと伝えられています。霧の女神リリノエ、湖の女神ワイアウ、そしてハレアカラの雪の女神カホウポカネです。

ポリアフを歌ったハワイのメレ(歌)

♪ *Poliahu*
ポリアフがアイヴォヒクプアとの恋に破れて、それでも「戻ってきて」と切ない気持ちを歌った曲です。

ペレとカマプアア

ハワイ語で"豚の子ども"という意味のカマプアアは、豚、人間、魚、植物とさまざまな姿をもつクプア（半神半人）です。
普段は八目の豚の姿ですが、時と場合によって変身します。
あるときは背が高くハンサムな人間の男に。このときはいつも背中に生えている剛毛を、マントで隠しています。
またあるときはフムフムヌクヌクアプアア*という魚に、そして別のときは雑草に。皮膚が厚い魚になってペレの炎の攻撃を逃れたり、強い雑草になって犬神を倒したりしたという言い伝えがあります。

カマプアアはオアフ島で生まれたそうです。
人間の母親から、子豚の姿で生まれました。その姿を見た祖母は、すぐに彼がクプアだと知りました。カマプアアは、祖母によって大切に育てられたのです。
やがてカマプアアは、豚の性格そのままに、貪欲で野心あふれる大人に成長しました。そしていくつもの神話で伝えられているように、オアフ島、カウアイ島、マウイ島、ハワイ島で数々の戦いを繰り広げます。

このお話は、カマプアアがハワイ島を訪れたときに、ハレマウマウ火口でペレに一目ぼれをしたことからはじまります・・・。

あるときペレは妹たちと一緒に、火口の中のふつふつと煮えたぎった溶岩の上で、優雅に炎の踊りをおどっていました。
その姿を見たカマプアアは、ひと目でペレに魅せられてしまいました。
さっそくハンサムな人間の男に変身したカマプアアは、ペレをじっと

＊フムフムヌクヌクアプアア … カマプアアの化身のひとつ。「豚のような鼻」という意味。ハワイ州の魚。皮が厚く、昔から食用にはしなかったようです

見つめながらラブソングをうたって、自分の恋人になってほしいと伝えます。

「おお、美しい君よ。こちらを振り向いておくれ」

ペレの妹たちが言いました。

「お姉さん、素敵な男性がお姉さんのことを見ているわ」

ペレは妹たちにこたえました。

「あれは人間じゃないわ。豚よ。面白いから、からかってやりましょう」

そしてカマプアアに向かって、ペレは大きな声でいいました。

「豚の恋人なんて、お断りよ」

カマプアアは歌の途中で黙ってしまいました。

ペレは調子にのって、カマプアアに嘲りの言葉を浴びせます。

「人間の姿をしているけど、あなた、本当は豚の子でしょう？」

さっきまで穏やかにラブソングをうたっていたカマプアアの顔は、見る間に紅潮してきました。
ペレはすかさず、カマプアアが豚だと繰り返します。そしてとうとうカマプアアは、ペレの挑発にのってしまいました。
「おれの力を知らないな。おれが本気になれば、おまえたち一家を滅ぼすことができるんだぞ」
ペレも負けてはいません。つぎつぎとカマプアアに侮辱の言葉をぶつけます。
ふたりの戦いは、罵り合いだけにとどまりませんでした。最初はからかっていただけのペレでしたが、だんだんと相手の言葉に腹が立ってきたのです。そして怒りが頂点に達すると、カマプアアに向かって、勢いよく真っ赤な溶岩を流しました。
溶岩の攻撃をかわしたカマプアアは、そのお返しに、雲を呼び寄せ、大雨を降らせて、ペレの火口の火を消そうとしました。
ペレとカマプアアの戦いはますますエスカレートしていきました。空は真っ暗になり、雷鳴がとどろき、激しい雨が打ちつけます。
火口からは真っ赤な溶岩がどんどん流れ出してきます。ハレマウマウの一帯は、めちゃくちゃに破壊されてしまいました。
今度は、ペレのおじや兄たちが、ペレに加勢しました。それを見ていたカマプアアの姉が、濃い霧を流して反撃しました。
あたりは濃い霧に包まれて、何も見えなくなりました。大量の雨でペレの火口は水浸しです。このままでは、火口の火は完全に消されてしまいます。火起こし棒まで水浸しになってしまうかもしれません・・・。
火起こし棒が破壊されてしまったら、二度と火を起こすことができず、火山の女神ペレは住むところがなくなってしまいます。
そこでペレの兄と妹たちは、ペレに降参するように勧めました。

こうしてペレはカマプアアに屈して、彼の妻になりました。ふたりはハワイ島のプナで一緒に暮らしはじめました。

残念ながら、ペレとカマプアアの結婚生活は長く続きませんでした。カマプアアの強欲さに、短気のペレが我慢できなかったのです。ふたりの間には、諍いが絶えませんでした。
そこでふたりは、別々に住むことにしました。火山の女神ペレはプナ、カウー、コナの乾燥した地域を選び、豚神カマプアアはコハラ、ハマクア、ヒロの雨の多い地域を選びました。
ふたりの間には、一人息子がいました。その息子のことは詳しくはわかりません。幼くして亡くなったと伝える話もあれば、やがて人間の祖先になった、または魚になったと伝える話もあります。

やがてカマプアアはペレとの生活に嫌気がさして、ハワイ島を去っていきました。その後、はるか遠い地で女性の首長と結婚したと伝えられています。
一方、残されたペレは、あれほど激しく憎しんでいたカマプアアのことを今でも忘れられないでいます。本当は彼のことを愛しているのです。カマプアアに戻ってきてほしい。ペレは自分の想いを歌にして、今でもうたっているそうです。

こぼれ話

カマプアアとペレを歌ったハワイのメレ(歌)

♪ *Aia Kaʻuku*

カマプアアが住んでいたところに別居していたペレが訪ねてきたことで、カマプアアとペレとの激しい関係を歌っています。

ほかにもあるハワイの神話 2

ペレと二人の少女

二人の少女がウル*を調理していると、ひとりの老女がやってきて、食べ物を分けてほしいと言いました。年上の少女は断りましたが、年下の少女は快く自分のウルを差し出しました。
老女はウルをくれた少女に、山で何かが起きるから、家にタパの目印をつけておくようにと伝えて去っていきました。少女は家に帰ってその話をすると、両親と祖母はその老女はペレだったのだと言いました。
しばらくしてマウナロアの火口が噴火しました。溶岩は年上の少女の家を焼きつくしましたが、タパの目印をつけた少女の家は避けて流れていきました。

ペレとカハワリ

ハワイ島プナで、カハワリという王子がそり滑りをしていました。そこに見知らぬ女性が現れて、競争しようと言います。しかしカハワリは鼻で笑って相手にしませんでした。
カハワリがそりで滑りはじめると、背後からのごう音に気がつきました。振り返ると、先ほどの女性が炎に包まれ、溶岩の上に乗って迫ってくるのが見えました。彼女はペレだったのです。
カハワリは猛スピードで斜面を滑り下りると、必死に海まで走っていきました。そこへ偶然に通りかかった弟のカヌーに飛び込むと、一目散にマウイ島へ逃げていきました。

＊ウル … ポリネシア一帯に育つ高木で、大きな実をつけるのが特徴。１つの実で成人男性が１日に必要な栄養をまかなえるといわれるほど栄養価が高く、ウルの木が１本あれば一生食べるに困らないともいわれるほどです

ハワイの神話〈女神〉

ヒナ

Hina

ヒナはHina《ヒナ》-Hanaia《ハナイア》-I《イ》-Ka《カ》-Malama《マラマ》（月で働くヒナ）とも呼ばれています。マウイのお母さんとして、またタパ作りの名人として有名で、優しく美しい理想的な妻や母として描かれることがほとんどです。『クムリポ』によれば、ヒナはヴィーナスの誕生のごとく海を漂っているところをワーケアによって発見されました。ヒナの神話はたくさんありますが、それらに共通するのは彼女が受動的だということです。それでも最後に勇気を出して自ら月にのぼり、大好きなタパ作りに専念できるようになりました。それはわたしたちに一歩踏み出す勇気と希望を与えてくれます。

月にのぼった女神

はるか昔のお話です。

女神ヒナは、人間の夫アイカナカと一緒に暮らしていました。

けれどもそれは幸せな結婚生活ではありませんでした。なぜならヒナは四六時中、夫の不平を聞きながら、休みなく働き続けていたからです。

アイカナカは自分勝手で横暴な男でした。ヒナに優しい言葉ひとつかけず、自分の要求ばかりを押しつけていました。

ヒナとアイカナカの間には、何人かの息子と娘がいました。けれども息子たちは島から島へと渡り歩く盗賊になり、娘たちはあるとき出て行ったまま行方知れずです。

唯一ヒナに優しい息子マウイも、たまにしか帰ってきませんでした。

来る日も来る日も、ヒナは朝早く起きてご飯の準備をし、木の皮を叩きのばしてタパを作り、そして家族のために服をこしらえます。夕方にはまたご飯の準備をし、暗くなると遠くまで水汲みに出かけます。こんな生活をずいぶん長く続けてきたヒナは、身も心も疲れきっていました。孤独で、誰からも愛されていないと感じていたのです。
ヒナはよくこんなひとり言をつぶやいていました。
「誰もわたしを助けてくれる人はいないわ。いっそどこか遠くへ行ってしまいたい」

ある日、アイカナカが言いました。
「おい、ヒナ。腹がへった。網を持っていって、エビを捕ってこい」
ヒナは黙って、タパ作りの手を止めました。
アイカナカは、ヒナが返事をしないことに腹を立てて怒鳴りました。
「なんてのろいやつなんだ！　まったく何一つ満足にできやしない！」
いつもの夫の文句に反論する気もなくなったヒナは、何もこたえずに網を手にして川に向かいました。

川についたヒナは、エビを捕りはじめました。
「このまま川に流されてしまいたい。そのまま海へ行って、誰もいない遠い島に流れ着いたらどんなにいいでしょう」
そのときヒナの足元に美しい光が降りてきました。きらきらと輝く七色の光が、まるでリボンのように空へと続いています。
「虹だわ！」
それはまるで自分を天へと導いてくれる道のようでした。
するとどこからか声が聞こえてきました。

「ヒナよ。おまえはずっと真面目に働いてきた。おまえがここを離れたいという願いを聞き届けよう。この虹をつたって、天にのぼってきなさい。きっと平和に暮らすことができるだろう」
ヒナは一瞬ためらいましたが、エビを捕る網を川岸に置き、ゆっくりと片足を虹にかけてみました。虹は見た目よりもずっとしっかりとしていました。
ヒナはもう片方の足も虹にのせました。大丈夫です。これならきっと天までのぼっていけるでしょう。
虹はどこまでも上にのびています。ヒナはどんどん上にのぼっていきました。
やがて雲の上に出ました。太陽の強い日差しがヒナに容赦なく照りつけます。
それでもヒナはのぼり続けました。一生夫の文句を聞くことを考えたら、どんなことでも耐えられそうでした。
太陽に近づくにつれて、ヒナは喉がからからに渇き、肌は水分を失ってかさかさになってきました。頭は朦朧としてきます。足元もおぼつきません。
「あっ！」
そのときヒナは足がもつれて転んでしまいました。そしてそのまま虹をつたってころげ落ち、やがて川のそばの地面にたたきつけられました。

すでに日は暮れて、月がのぼっていました。しばらくそのまま体を休めていたヒナは、少しずつ元気を取り戻しました。しかし喉が渇いていたので、ヒナは一旦、家に戻ることにしました。
「どこへ行っていたんだ！　エビはどうした！」
戸口にあらわれたヒナを見るなり、アイカナカが怒鳴りました。
ヒナは無言で水を入れたヒョウタンから、小さな椀に水を注いで、ごくごくと飲み干しました。
「水汲みにも行ってないじゃないか！　それは女の仕事だろう！」
ヒナはアイカナカを無視したまま、水を入れたヒョウタンと、タパ作りに必要な板と棒を抱えて外に出ました。

アイカナカが叫びました。
「おい、どこへ行くんだ？　俺は許さんぞ！」
ヒナは静かにこたえました。
「さようなら 。わたしは月へ行きます」
その時、月光によってできた虹、ムーンボウがヒナの足元にあらわれました。それは、はるか頭上の月まで続いています。

ヒナは今度はためらわずに、ムーンボウの上をどんどんと歩いていきました。
「おい、待て！」
アイカナカが後を追って来ようとしましたが、人間のアイカナカは光と霧でできているムーンボウに乗ることができません。
そこでアイカナカは思い切りジャンプして、ヒナの足首を掴みました。
「痛い！」
ヒナは自分の足にしがみつくアイカナカの手を、必死で振り解きました。
「うわあっ！」
アイカナカは地面へ落ちていきました。その姿をみてヒナはほっと胸をなでおろしました。
掴まれていた足首はひりひりと痛みます。ヒナは足をひきずりながら、月へとのぼっていきました。
「やっと着いたわ。これからは静かに暮しましょう」
辛い生活から解放されたヒナは、喜びの涙を流しました。

ヒナは今でもずっと月で幸せに暮しているということです。
空が薄く白い雲で覆われているときは、ヒナがタパを日にあてて乾かしているのだとか。
そして満月のときには、ヒナが痛めた足首を前にのばして、月にもたれかかるように腰をかけている姿が見えるでしょう。そのかたわらには、タパ作りには欠かせない、水の入ったヒョウタンと木の皮を叩きのばすための板と棒があるはずです。

こぼれ話

タパ作りは女性の仕事

ハワイ語でカパともいいます。ハワイには織物がなく、ワウケやママキなどの木の皮から布のようなものを作りました。服やふんどし、カヌーの帆、寝具などに使われました。タパ作りは女性の仕事でした。水でふやかした木の皮を根気よく叩くので、大変な重労働でした。

ヒナが登場するハワイのメレ(歌)

♪ *Molokai Nui A Hina*
モロカイ島のすばらしさを歌った曲です。モロカイ島は別名モロカイ・ヌイ・ア・ヒナ（ヒナの偉大なモロカイ）と呼ばれます。

ワイルク川のヒナ

ハワイ島ヒロの町の北部にワイルク川が流れています。
そのワイルク川を少しのぼったところに、レインボー・フォールズという滝があります。その滝の裏の洞窟に、月の女神ヒナが住んでいました。

ヒナはワウケやママキといった木の皮からタパという樹皮布を作る名人でした。天気のいい日は、ヒナはいつも川岸で木の皮を叩いてタパを作ったり、そこに染料で模様をつけたりしていました。
レインボー・フォールズの上流には、クナという名前のモオが住んでいました。モオというのは巨大なトカゲのような姿をした怪獣のことです。そのクナは美しいヒナのことが気になって仕方がありませんでした。しょっちゅう上流から降りてきてヒナに誘いをかけてきます。
でもヒナはずっと無視し続けていました。
「オレさまを誰だと思っているんだ」
いつまでも自分のほうを振り向いてくれないことに腹を立てたクナは、ヒナに嫌がらせをはじめるようになりました。ヒナが住む滝の裏の洞窟に土砂を流して塞ごうとしたり、丸太や石を流して洞窟からヒナを追い出そうとしたりしました。
それでもヒナはクナに見向きもしませんでした。
自分に屈しないヒナに対して、クナはだんだんと憎しみを抱くようになりました。そしてとうとうヒナを殺してやりたいと思うようになったのでした。
「ええい、強情なやつめ。こうしてやる！」

ある時、クナは大きく吠えると、巨大な岩をつぎつぎとレインボー・フォールズに投げ込みはじめました。レインボー・フォールズの下に岩をどんどん積み重ねて、川をせき止めようとしたのです。川の水位はどんどん上昇していきました。ヒナの住む洞窟にも川の水が侵入してきました。
このままでは溺れてしまいます。ヒナは息子マウイに助けを求めました。
「マウイよ、助けておくれ！　マウイよ、すぐに来ておくれ！」
ヒナの声はマウナケアを越え、海を越え、マウイ島まで届きました。

ちょうどその時マウイは、ハレアカラの頂上で、縄で太陽を縛り上げているところでした。
当時、太陽は空を巡る速度がはやすぎて、昼間はあっという間に過ぎてしまっていました。そのためヒナはタパを十分に乾かすことができませんでした。その苦労を見ていたマウイは一計を案じ、ハレアカラにのぼって太陽を待ち伏せしていたのでした。
「お母さんが大変だ！」
ヒナの悲痛な叫びを耳にしたマウイは、太陽にもっとゆっくり空を巡る約束をとりつけると、すぐさまハレアカラを下っていきました。そして浜辺で魔法のカヌーに飛び乗りました。マウイは大きく櫂を二漕ぎすると、ハワイ島のワイルク川の河口にたどり着きました。
そこでカヌーを降りたマウイは、魔法の棍棒を片手に干上がった川底を駆け上っていきました。やがてレインボー・フォールズの下に築かれた岩のダムを見つけ、魔法の棍棒でたたき壊しました。
せき止められていた川の水が一気にあふれ出しました。ヒナはもう少しで溺れるところでしたが、マウイのおかげで命拾いをしました。
「くそっ、マウイめ」
クナは大急ぎで上流に逃げていきました。

「待てっ！」

マウイは母親を殺そうとしたクナを許すわけにはいきません。後を追って上流へ駆け上っていきました。

クナはあちらこちらの洞窟に隠れようとしましたが、そのたびにマウイが魔法の槍を洞窟に突き刺すのでクナは逃げることができません。

最後にクナは大きな川底の深みへと姿を消しました。

さすがのマウイも水の中まで追ってはいけません。そこでマウイは火山の女神ペレに助けを求めました。

「どうか力をお貸しください」

ペレはマウイの願いを聞き入れてくれました。真っ赤に燃えた溶岩が一気に川に流し込まれ、あっという間に川の水が沸騰しはじめました。

厚い皮に覆われているクナもさすがに耐えられなくなり、全身に大火傷を負って川底から姿を現しました。
すかさずマウイは魔法の棍棒でクナを叩き殺しました。息絶えたクナの遺体は川に流され、レインボー・フォールズを落ちていきました。
「マウイよ、ありがとう」
ヒナはマウイの手をとっていいました。

こうしてヒナは、安心してタパを作ることができるようになりました。今でもレインボー・フォールズの下に黒い大きな岩を見ることができます。それがマウイに退治されたクナだといわれています。

こぼれ話

さまざまな話が残る、レインボー・フォールズ

ハワイ島ヒロの町からほど近いこの滝の下には、今でも退治されたモオの黒い岩（モオ・クナ）、マウイが乗ってきたカヌーだといわれる細長い岩（カ・ワア・オ・マウイ）、マウイのためにペレが溶岩を流したときにできた跡のボイリング・ポットが見られます。

ポリアフ

Poli'ahu

ポリアフはハワイ島マウナケアに住む、美しい雪の女神です。白いマントをさっと翻《ひるがえ》し、マウナケアを雪で覆うといわれています。またペレの永遠のライバルでもあります。幾度となくペレと戦いますが、いつも勝つのはポリアフです。熱い溶岩を流すペレに対して、ポリアフはいつも仲間や姉妹たちの助けを得て、マウナケアから冷たい風を吹きつけます。溶岩は冷えて固まり、ペレは寒さに凍えて退散するのです。ポリアフは雪の女神ということでクールな印象がありますが、実はいくつも燃えるような恋を経験している情熱家でもあります。

ポリアフの悲恋

昔、カウアイ島ワイルアにアイヴォヒクプアというハンサムな王子がいました。ある時、彼はハワイ島プナにライエ（ラーイエイカヴァイ）という絶世の美女がいるという噂を耳にしました。それほどまでの美女なら、ぜひ自分のお嫁さんにしたいと思ったアイヴォヒクプアは、ライエにプロポーズをするためにハワイ島へ向かいました。

旅の途中、アイヴォヒクプアはマウイ島ハナに立ち寄りました。浜に上がって休んでいると、美しい女性が近づいてきました。
「こんにちは。わたしはヒナイカマラマです。ハナははじめてですか？」
アイヴォヒクプアはこたえました。
「はじめて来ましたが、ここは美しいところですね」
ヒナイカマラマはハンサムなアイヴォヒクプアに一目ぼれをしたのでした。アイヴォヒクプアのほうも、思いがけない美女との出会いに心をときめかせました。二人はおしゃべりやサーフィンを楽しむうちに、どんどん仲良くなっていきました。
アイヴォヒクプアはしばらくハナにとどまって、ヒナイカマラマとの恋愛を楽しみました。でも彼は絶世の美女ライエに一目会いたいという目的を忘れてはいませんでした。
「ヒナイカマラマ、わたしはどうしてもハワイ島へ行かなくてはならない。必ず迎えにくるから、それまで誰ともつきあわずに待っていてほしい」
ヒナイカマラマはにっこりとうなずきました。

アイヴォヒクプアはハワイ島プナに到着しました。ライエの家はすぐに見つかりました。その家を見て彼はびっくりしてしまいました。屋根一面が黄色の鳥の羽で覆われた、それはそれは立派な家だったからです。彼女の家を見たとたん、彼はライエへの贈り物として持ってきた羽のマントがとてもみすぼらしいものに思えてきました。
「こんな贈り物では、きっと馬鹿にされてしまうだろう」
アイヴォヒクプアはライエには会わずに、出直してくることにしました。

カヌーに乗ってハワイ島プナを後にしたアイヴォヒクプアは、しばらくしてコナの沖を通りがかったときに、ひとりの美女が岩によりかかっているのを目にしました。彼女のことがどうしても気になった彼は、コナの浜に降り立ちました。
アイヴォヒクプアは、さっそくその美女に声をかけました。
「こんにちは。わたしはアイヴォヒクプアといいます。故郷のカウアイへ帰る途中なんです」
「こんにちは。わたしはポリアフです」
白いマントに身を包んだポリアフは美しく輝いていました。すっかりポリアフに魅了されたアイヴォヒクプアは、そのまましばらくコナに滞在することにしました。ポリアフもアイヴォヒクプアと一緒に過ごしているうちに、少しずつ彼のことが好きになっていきました。
いつまでも家を留守にできないアイヴォヒクプアは、持っていたマントをポリアフのマントと交換して、いったんカウアイ島へ戻ることにしました。

カウアイ島に戻ったアイヴォヒクプアは、ハワイ島のライエにプロポーズはおろか、直接会いもしなかったことを家族に報告しました。すると姉たちが、今度は自分たちも一緒に行ってあげるから、もっと立派なマントを持ってもう一度チャレンジするようにとアイヴォヒクプアを説得しました。
再びアイヴォヒクプアはハワイ島プナへ向かいました。今度は姉たちが一緒なので、マウイ島ハナのヒナイカマラマや、ハワイ島コナのポリアフのところに立ち寄ることもできません。
ハワイ島プナに到着したアイヴォヒクプアは、ライエを訪ね、羽のマントを差し出してプロポーズをしたのですが、あっさりと断られてしまいました。傷ついたアイヴォヒクプアはカウアイ島へ帰りました。

カウアイ島へ戻ったアイヴォヒクプアは、ふとポリアフのことを思い出しました。
「美しいポリアフ。彼女こそ自分の妻にふさわしいのだ」
ライエに振られたことも忘れて、アイヴォヒクプアはポリアフのこと

が恋しくてならなくなりました。そこでポリアフに使者を送り、自分と結婚してほしい、４か月後に迎えに行くというメッセージを届けました。

４か月後、アイヴォヒクプアはハワイ島のコナへポリアフを迎えに行きました。
ハワイ島が近づくにしたがって、山々の頂が白い雪で覆われているのが見えてきました。それはポリアフが彼のプロポーズを受けたという返事でした。
二人の結婚式はカウアイ島で何日にもわたって盛大に行われました。その噂は他島にも伝わりました。そしてマウイ島のヒナイカマラマの耳にも伝わったのでした。激しい怒りにかられたヒナイカマラマはカウアイ島へ乗り込んでいきました。そして延々と続いていたアイヴォヒクプアとポリアフの結婚の宴の中、大勢の前でアイヴォヒクプアの不貞をなじったのです。
そこで最も驚き、傷ついたのはポリアフでした。自分と出会う前にすでに他の女性と婚約していたことを知った彼女は、自分が身を引くべきだと思いました。そして何も言わずにハワイ島へ帰ってしまいました。

その後、アイヴォヒクプアはヒナイカマラマと仲直りをしました。でも二人が抱き合おうとするたびに、どこからともなく冷たい風が吹いてくるのでした。そのたびに気味悪く思ったヒナイカマラマは、とうとう夫を捨ててマウイ島へ帰ってしまいました。結局アイヴォヒクプアはライエにも振られ、ポリアフにも捨てられ、ヒナイカマラマにも愛想を尽かされて独りぼっちになってしまいました。

ほかにもあるハワイの神話3

ラーイエイカヴァイ

「ポリアフの悲恋」の話に登場するラーイエイカヴァイ（ライエ）には、ラーイエロヘロへという双子の姉妹がいます。ラーイエイカヴァイは生まれながら特別な娘で、生まれてすぐにラーイエロヘロへと引き離され、ハワイ島のパリウリという楽園のレフアの森の奥で、黄色い鳥の羽で覆われた家に住んでいました。最後に天で平和に暮らすようになるのですが、ラーイエロヘロへと一緒に暮らすために、地上へ降りる決心をしました。その後、彼女はカワヒネオカリウラー（黄昏時の女）と呼ばれるようになりました。

ラカとカポ

ラカは、フラの女神として有名です。ラカにはモロカイ島でフラを広めた話や、もともと男性神だったという話があります。また魔術の女神カポと同じ一人の神様で、フラの女神の一面と魔術の女神の一面を持っているという話もあります。

一般的にはラカはフラの女神として崇められています。フラの祭壇にラカをあらわす黒檀のご神体を置き、ラカに捧げられた植物を供えることが多いようです。

カポは魔術の女神で、ペレの妹です。ペレがカマプアアに襲われそうになったときに、カポは自分の体から膣を取り出して遠くへ投げました。カマプアアは膣を追いかけていったので、ペレは助かったそうです。

photo by Midori Kitta

ハワイの神話　story.03

Akua
神々

ハワイの人々は日本人と同じように万物に神が宿ると考えます。その八百万の神々の中で最高位にあるのがカネ、カナロア、クー、ロノの四大神です。男性の神様で、植物、動物、雨や雷などの姿になって現れます。四大神の神話の共通テーマは創造や成功です。新鮮な水を湧き出させたり、作物を実らせたり、物事をやり遂げたりと、何かしら目に見える形で結果が現れます。女神の神話とは対照的です。それを象徴するのが男性神クーと女神ヒナで、二人は陰陽のごとく相反する性質を持ち、この二つが合わさることでこの世全てを表すそうです。

ハワイの神話〈神々〉

マウイ

Maui

マウイはハワイ神話界のスーパーヒーロー。創造的かつ破壊的な性格で、よく「トリックスター」と称されます。太陽を捕まえて昼を長くさせたり、天を持ち上げたりと大活躍します。マウイは底抜けの明るさと、純粋さと、ポジティブ思考で、つぎつぎと問題を解決していきます。たまに無茶したり、失敗したりはご愛敬。その憎めない性格は、彼が人生を楽しんでいるからこそ培われたのでしょう。困った人にはすぐに手を差し伸べる情の厚さも大きな魅力です。マウイはわたしたちに、創造には子どものような純真さが大切だということを教えてくれます。

太陽を捕まえたマウイ

昔むかし、一日のほとんどが夜でした。
月はやわらかな優しい光で地上を照らしながら、ゆっくりと天を移動していました。一方太陽は、強烈な熱を放射しながら、猛スピードで天を駆け抜けていきました。
昼間が短いために、人々の生活はとても不自由なものでした。
植物の成長が遅いので、ウルやココナツはいつまでも熟しません。日の出とともに食事の準備をはじめても、作り終わらないうちに夜になってしまいます。
儀式でチャントを詠唱しようとしても、最後まで言い終わらないうちに暗くなってしまいます。
そしてタパ*を作って干しても、十分に乾ききらないうちに取り込まなくてはならないので、なかなか完成しませんでした。

タパ作りの名人でもある女神ヒナも、そんな苦労をしている一人でした。太陽が東から昇って、西に沈むまでのわずかな間に、ヒナは山に行ってワウケやママキの木の皮を集めたり、水を汲んできたりしなくてはなりません。それから木の皮を水に浸しておいて、今度はそれを木の棒で根気よく叩いて薄い布状になるまで伸ばします。そして最後にタパを、太陽の日に当てて、十分に乾かすのです。
ヒナはこれらを全て明るいうちに行わなくてはなりませんでした。

そんな母親の姿を見ていたのが、息子のマウイです。
忙しく働いているヒナの姿を見て、マウイが言いました。
「朝から晩までタパ作り。少しは休んだほうがいいよ」

＊タパ … 木の皮から作った布のこと。ハワイには織物がなく、木の皮を水でふやかし、叩き伸ばして作りました。カパとも呼ばれます

ヒナはため息をついて、こたえました。
「そうね。でもタパを作る者にとって、昼間は休む暇はないのよ」
そしてヒナは、丁寧にたたんであるタパを指さしました。
「これはもう出来上がっていて、乾かさなくてはならないのだけど。でももうじき太陽は西に沈むから、これから干しても無駄ね」
それを聞いて、マウイは強い口調で言いました。
「それは太陽が悪い！　もっとゆっくり移動するように、ぼくが言ってやる！」
ヒナはタパを叩く手を休めて、マウイのほうを見ました。
「それはだめよ、マウイ。太陽は神よ。逆らうことはできません」
マウイは反論しました。
「ぼくたちだって神だ。みんなが困っているんだから、何とかしなく

ちゃいけないよ」
ヒナがこたえました。
「あなたは半分人間よ。それに太陽は大きな力を持っているわ。これまで太陽の近くに行った人は誰もいないのよ」

マウイはどうしたらいいものかと考えました。ただ太陽に向かって、もっとゆっくり移動するようにと言ったところで太陽は聞いてくれないでしょう。
そのときマウイはひらめきました。
早速マウイは浜辺に行って、ココナツの実を集め、その繊維から16本の頑丈なロープを作りました。このロープで太陽を捕まえようと考えたのです。

マウイはヒナのところに戻って、自分の計画を伝えました。
それを聞いたヒナは言いました。
「本気なの？」
マウイはこたえました。
「もちろんさ。太陽はみんなのことを考えていない。自分勝手だよ」
ヒナは心配そうな表情をしました。
「わかったわ。魔法の棍棒を持っていきなさい。あなたの全ての力が必要になるでしょう」
マウイはこたえました。
「うん、わかった。行ってくるよ」

マウイは夜のうちにハレアカラに登りました。ハレアカラはマウイ島の一番高い山で、“太陽の家”という意味があります。
ハレアカラの頂上には大きな火口があります。マウイはその火口の中の、大きな溶岩のかげに隠れて、太陽が昇ってくるのを待ちました。
太陽はこの山の上をいつも通っているので、マウイはここで太陽を待ち伏せしようと思ったのです。
あたりがしだいに明るくなってきました。
やがて太陽の最初の一筋の光が差しました。太陽の一番長い足です。
マウイはすばやくその太陽の足を捕まえて、ロープで近くの溶岩に結びつけました。
すぐに太陽の二番目の足が伸びてきました。マウイはさっとその足も捕まえて、2本目のロープで別の溶岩に結び付けました。
同じように、太陽の16本の足を、次々と捕まえて、ロープで溶岩に縛りつけました。太陽は身動きがとれなくなりました。

マウイが言いました。
「さあ、捕まえたぞ！」
太陽が叫びました。
「何をするんだ！　離せ！」
マウイがこたえました。
「もっとゆっくり空を移動すると約束したら、離してやる」
太陽がいいました。
「そんな約束はできない。さっさと移動して、夜はゆっくり休むのだ」
マウイは魔法の棍棒を取り出して、それで太陽の足を思い切り殴りました。
「これでもか！　ゆっくり移動すると約束しろ！　母親のヒナが、タパが乾かなくて困っているんだ！」
それでも太陽は言うことをききません。
「わたしには関係ない」
マウイは魔法の棍棒で、太陽の16本の足を次々に殴りました。

太陽は悲鳴をあげていいました。

「痛い、痛い！　分かった、分かったから、やめてくれ！　言うことを聞く。もっとゆっくり移動すると約束する」

それを聞いたマウイは、魔法の棍棒で、太陽の足を縛っていたロープを切りました。太陽はあわてて空高く逃げていきましたが、それからゆっくりと空を移動していきました。

それ以来、昼の長さは今のように長くなったということです。明るい時間が増えたので、植物も生長し、人々の生活も楽になりました。そしてヒナもゆっくりとタパを作ることができるようになりました。

こぼれ話

マウイの母親ヒナ

マウイがハレアカラで太陽を捕まえた後、助けを求める母親ヒナの声を耳にして、マウイ島からハワイ島まで魔法のカヌーで駆けつけ、ワイルク川でモオと戦いました。「ワイルク川のヒナ」の話（P.51）と関連しています。

マウイと火の秘密

大昔のお話です。ハワイの人々は火の起こし方を知りませんでした。そのため人々は、肉や魚を生のままで食べていました。でもウルの実などは焼いたほうが、生で食べるよりもずっと美味しいということを知っていました。山火事の後に、焼けたウルの実を偶然食べてみたら、想像以上においしかったからです。
そこで人々ははるばる噴火している火山まで出かけて行って、火を手に入れなくてはなりませんでした。命がけで手に入れた火は、木の枝から木の枝へと燃え移されて大切に保管されました。
けれども永遠に火を燃やしておくことは難しいことでした。風が吹いたり、雨が降ったりすると、あっという間に消えてしまうからです。このように火は特別なもので、ハワイの人々はめったに食べ物を調理することはありませんでした。

ある日の朝、マウイは３人の兄たちと一緒に魚釣りに出かけました。カヌーで沖まで出て行き、釣り糸をたらしました。朝は魚たちはお腹をすかせているので、すぐに餌に食いついてきます。マウイと３人の兄たちは、つぎつぎと魚を釣り上げました。
しばらくすると、兄の一人が叫びました。
「みんな、見てみろよ！　煙が上がっているぞ！」
ほかのみんなも、彼が指さす方向に目をやりました。マウイたちが後にした浜辺近くの森の中から、一筋の煙が空へのぼっています。
兄たちは、口々に言いました。
「いったい誰が火を起こしているんだろう？」
「火山から火を持ってきたのだろうか？」

マウイが言いました
「すぐに島に戻って、火を手に入れようよ！」
すると一番上の兄が、こう言いました。
「いや、魚を釣ることが先だ。たくさん魚を釣って、あの火で調理しよう」
みんなは一番上の兄の意見に従うことにしました。
太陽が頭の上に来るころには、マウイたちを乗せたカヌーは魚で一杯になりました。
一番上の兄が言いました。
「よし、そろそろ帰ろう」
森の中からまだ煙がのぼっています。マウイは兄たちと力いっぱい櫂をこいで、急いで島に戻りました。
浜辺に着くやいなや、マウイはカヌーから飛び降り、森の中へと走って行きました。しばらく行くと小さな広場がありました。どうやらそこで、火が燃やされているようです。
マウイが広場にたどり着くと、数羽の鳥がいっせいに火のついた枝を巻きちらして、火を消しました。
「こら、やめろ！」
マウイは慌てて鳥たちを追い払いましたが、残念ながら火は消えてしまいました。地面に残っているのは、白い灰とまだ温かい木の燃えかすだけです。焼けたバナナの皮もころがっていました。今まで誰かがここで火を燃やしていたのは明らかです。
「火を消すなんて、とんでもないやつらだ！」
マウイの頭上にはさっき火を消した鳥たちが木の枝にとまっていました。アラエという鳥です。
「なんで火を消したんだ！」
マウイが大声をあげると、アラエたちはどこかに飛び去っていきました。

火を手に入れることのできなかったマウイは、しょんぼりしながら兄たちの待つ浜辺に戻りました。兄たちは釣った魚を調理しようと、地面に穴を掘り、イム*の準備をしてマウイの帰りを待っていました。

手ぶらで戻ってきたマウイを見て、一番上の兄が言いました。

「火はどうしたんだ？」

マウイはアラエが火を消してしまったことを兄たちに話しました。

それを聞いた兄たちは、意見を出し合いました。

「きっとアラエは燃えている溶岩に木の枝を突き刺して、火を持ってきたんだろう」

「いや、きっと火を起こす秘密を知っているにちがいない」

そしてマウイは決心しました。

「ぼくがアラエの火の秘密を突きとめてやる！」

マウイはそれから毎日のように、森の中の広場を見張っていました。

けれどもアラエは一向に現れませんでした。

しばらくたったある日、マウイは３人の兄たちと一緒に、再び魚釣りに出かけました。マウイたちが沖へ出ていくと、森の中から煙がのぼりました。

マウイと兄たちは大急ぎで島に戻りました。マウイは森の広場へ駆けつけましたが、マウイが到着する前にアラエたちが火を消してしまいました。

そんなことが何度も何度も繰り返されました。どうやらアラエたちは、マウイと兄たちがカヌーで海に出るのを見届けてから、火を起こすようでした。

そこで、マウイは兄たちに提案しました。

「兄さん、ぼくを置いて釣りに出ておくれよ。ぼくは一人でアラエを見張っているから」

兄たちが釣りに出かけた後、マウイは森の広場の近くに身を潜めて、

＊イム … 地面に穴を掘ってつくったオーブンのこと。焼いた石の上に食べ物を置き、土をかけて蒸し焼きにします

アラエたちの様子をうかがっていました。
一羽のアラエが言いました。
「マウイたちが釣りに行ったぞ。今のうちに火をつけよう」
その時、空高く舞い上がっていた一羽のアラエが、広場に下りてきました。
「待て、待て。カヌーには３人しか乗っていなかった。きっと残りの１人がぼくたちを見張っているはずだ。今日はバナナを焼くのをやめておこう」
それを聞いたマウイは、アラエたちの賢さに感心しました。
「アラエたちはぼくらの人数を数えていたんだ。よし、いい考えがあるぞ！」
翌朝、マウイは大きなタパの布をぐるぐると巻いて、ひもで結んで筒状にしました。その丸めたタパを持って、兄たちのところへ行きました。
「兄さん、今日はぼくの代わりに、このタパをカヌーに乗せておくれよ」
兄たちはマウイの言う通り、丸めたタパをカヌーに乗せて海へ出て行きました。

森の上を飛んでいたアラエたちが言いました。
「マウイたちが釣りに出かけたぞ。一人、二人、三人、四人。よし、全員いる。今日は火を起こそう」
アラエたちは広場に降りてきました。その様子を木の陰から見ていたマウイは、やっと火の秘密を知ることができると思い、わくわくしながら待ちました。
アラエたちは、広場のまん中に、あちらこちらから集めてきた小枝と枯れ葉で小さな山をつくりました。つぎに一羽のアラエが、枝を使って何かをはじめました。小さな煙が上がっています。でもマウイのところからはよく見えません。もっとよく見ようと、マウイは慎重に近

づいていきました。そのとき小石を蹴飛ばしてしまいました。

「誰かいるぞ！　火を消せ！」

アラエたちはみんなで羽や足をつかって火を消しました。小枝や枯れ葉があたりに撒き散らされました。

マウイは木の陰から飛び出していきました。そして最後まできちんと火が消えたかどうか確かめていた、リーダーらしいアラエを捕まえました。

「悪いやつらめ！　火の起こし方を知っているのに、誰にも教えないで秘密にしていたな！　どうやって火を起こすのか教えるんだ。さもないと殺すぞ！」

マウイの手の中でもがきながら、アラエがこたえました。

「わたしを殺したら、火の秘密も手に入りませんよ」

マウイは言いました。

「それもそうだ。火の秘密を教えたら、離してやろう」

すぐにアラエはこたえました。

「ティ*の茎を擦り合わせるんです」

片手でアラエを捕まえたまま、マウイはティの茎を２本折って擦り合わせてみました。けれどもいくら擦り合わせてみても、火は起きません。

腹を立てたマウイは、強くアラエの首を締めつけました。

「嘘をついたな。殺してやる！」

アラエは苦しそうに言いました。

「わたしを殺したら、火の秘密も手に入りませんよ」

そこでマウイは、さらに強くアラエの首を締めつけました。

「火の秘密を教えなければ、こうしてやるぞ」

アラエがこたえました。

「タロの茎を擦り合わせるんです」

言われたとおりにマウイは試しました。やっぱり火は起きません。そこでマウイはいっそう強くアラエの首を締めつけました。

かすれた声でアラエが言いました。

「本当のことを言いますから勘弁してください。若い木の枝を折って、擦り合わせるんです」

マウイは試しましたが、木の汁が出るだけでした。とうとう堪忍袋の緒が切れました。マウイは本気でアラエを殺そうとしました。

「もう許さないぞ。殺してやる！」

アラエは羽と足をばたばたさせながら叫びました。

「許してください。本当は乾燥したハウの木を擦り合わせるんです」

マウイは近くに落ちていた、乾燥したハウの木片と枝を手にしました。枝の先が少しこげていました。さっきアラエが使っていたものに違いありません。一方の手でアラエの首を締めつけながら、もう一方の手と両足を使ってハウの木を擦り合わせました。けれどもなかなか火は起きません。

＊ティ … ハワイではよく見られる高さ２～３ｍの植物。邪悪なものを寄せ付けないと伝えられていて、儀式などにも使われます

マウイは言いました
「また嘘をついたな！」
アラエは息も絶え絶えに言いました。
「火はハウの木の中にあります。もっと力をこめて擦り合わせれば、火を取り出すことができます」
マウイは今度はもっと強くハウの木を擦り合わせてみました。しばらくすると煙が出てきました。やがて火が起き、ハウの木の枝に火がつきました。
やっと火の秘密を手に入れたマウイは、その火のついた枝の先でアラエの頭に赤いしるしをつけました。
「よし、これでアラエが火の秘密を知っていると、みんなに分かるだろう」
マウイは火の起こし方をみんなに教えました。
こうしてハワイの人々は、マウイのおかげで、肉や魚や野菜を焼いたり、イムで蒸したりして美味しく食べることができるようになったということです。そしてアラエの頭には今でも赤いしるしがついています。

こぼれ話

赤い頭と白い頭のアラエ

アラエはハワイに住む水鳥。この話にあるように赤い頭をしている鳥（アラエ・ウラ）と、白い頭をしている鳥（アラエ・ケオケオ）がいます。

古代ハワイアンが活用していた木々＜ハウ＞

ハイビスカスと同種の植物で、黄色い花をつけます。花の色がだんだんと濃くなり、一日で地面に落ちます。木材はとても軽く、アウトリガーの帆げたや、カヌーの浮材に使われました。細い枝は火起こし棒や、凧の骨組に使われました。

風のヒョウタンと凧

マウイは空を飛ぶ鳥をながめていました。
「なぜ鳥は風がある時でも、風がない時でも飛べるんだろう？」
しばらく考えていたマウイは、ぱっと顔を輝かせました。
「そうだ！ いい考えがある」

マウイは山へ行き、ハウの木の枝を何本か切り落としました。ハウは軽くてとても丈夫な木です。つぎにマウイは母親のヒナのところへ行きました。ヒナはタパを乾かしているところでした。
「母さん、一番大きなタパをください」
ヒナはマウイにたずねました。
「タパを何に使うの？」
マウイはこたえました。
「大きな凧を作って、できるだけ高く飛ばしたいんです」
ヒナは一番大きなタパをマウイに与えました。
タパを手に入れたマウイは、ハウの木の枝で作った骨組みに、タパをしっかりと張りつけました。つぎにオロナの木の皮の繊維をより合わせて長いひもを作りました。そしてバランスよくオロナのひもをつければ凧の完成です。

早速マウイはできあがった凧を持って近くの広場に行きました。そして意気揚揚と凧を空に放り投げ、それと同時にひもを持って走りました。けれども凧は揚がりません。マウイが足を止めると、凧はぱたりと地面に落ちてしまいます。
その日は青空が広がるいい天気でしたが、風がほとんどありませんでした。
マウイは、風のヒョウタンの番人のカフナ（聖職者）のことを思い出しました。その自由に風を操ることができるカフナは、ハワイ島のワイピオ渓谷に住んでいました。
すぐにマウイはそのカフナに会うために、ワイピオ渓谷へ行きました。

「風のヒョウタンの番人よ、この凧を揚げるために風を出してください」
カフナはこたえました。
「おお、これはすばらしい凧だ。よし風を呼び出そう」
カフナは洞窟の中に大切に保管しているヒョウタンを持ち出してきました。そしてマウイと一緒に広場へ行きました。
マウイはカフナに教わったチャントを唱えました。

風よ、優しいヒロの風よ
永遠に吹き続けるヒョウタンの中の風よ
出てきなさい
風よ、優しいヒロの風よ
優しく穏やかに吹け

カフナがヒョウタンの蓋を少しずらしました。するとヒョウタンの中から優しいヒロの風が吹き出しました。
すかさずマウイは凧を揚げました。けれどもヒロの穏やかな風では、凧はほんの少ししか上がりません。

マウイはさらにチャントを唱えました。
風よ、霧のまじったワイメアの風よ
急いで出てきなさい

マウイはもう少し強い風を出そうと、チャントを唱えました。
風よ、神のように力のある風よ
永遠に吹き続けるヒョウタンの中の風よ
もっともっと出てきなさい
東から強い風よ
北から激しい風よ
大急ぎで出てきなさい

風はヒョウタンから勢いよく吹き出してきます。その風の強さは激しさを増して、カフナもヒョウタンの蓋を抑えきれなくなりました。マウイの凧はどんどん高く揚がっていきます。
風よ、ヒョウタンの中の全ての風よ

みんな出てきて、思い切り吹き荒れよ

「やめなさい！　一度に全ての風を出してはいけない」
カフナが叫びました。しかしマウイは調子に乗って、チャントを唱え続けます。風はますます激しくなりました。いつしか空は黒い雲におおわれ、横殴りの風に大粒の雨が混じってきました。木々は大きくしなり、小石が飛び、マウイもカフナも立っていられないほどです。
凧はもう点にしか見えないほど高く揚がっていました。凧につながっているひもは残りがあとわずかです。マウイももう十分だと思い、風を止めようとしました。

風よ、神のように強い風よ
ヒョウタンの中に戻れ

しかし風は止まないどころか、ますます激しくなる一方です。それを見ていたカフナは、ヒョウタンに蓋をしようとしました。けれどもあまりに風の勢いが強すぎて蓋をすることができません。
プツン！　そのとき凧のひもが切れました。凧はあっという間に風に飛ばされてしまいました。
自分の力ではどうすることもできなくなったマウイは、カフナに助けを求めました。
「風のヒョウタンの番人よ、風を止めてください！」
カフナが必死になって風をヒョウタンの中に戻すチャントを唱えると、風は徐々に弱まり、少しずつヒョウタンの中に帰っていきました。

ようやく風がおさまりました。けれどもあたりの状態は、惨たんたるものでした。木々はなぎ倒され、干してあったタパは飛ばされて泥まみれになり、タロの畑はめちゃくちゃに破壊されています。

人々が家の外に出てきました。そして嵐がマウイのせいだと分かると、彼らはマウイを責めました。またカフナも勝手にどんどん風を出してしまったマウイに腹を立てて、風のヒョウタンを持って洞窟に帰ってしまいました。

マウイは一人ぼっちになってしまいました。誰からも相手にしてもらえないマウイは、弱い風でも上がる小さな凧を作って一人で遊んでいました。そしてその小さな凧を何度か揚げているうちに、マウイは風の向きや凧の揚がり方によって天気を予測できることが分かりました。マウイはこれからどんな天気になるかを、人々に教えてあげました。最初は誰もマウイの言うことに耳を傾けませんでしたが、本当にマウイの天気予報があたると分かると、人々はしだいにマウイを信用するようになりました。そして風のヒョウタンの番人も、人々の役に立っているマウイを許すことにしました。
こうしてマウイは、再びみんなの人気者になったということです。

こぼれ話

ハワイで発明されたといわれる凧

凧を最初にあげたのはハワイの人々だという言い伝えがあります。ハワイにはいろいろな種類の凧がありました。丸い形のもの、三日月型のもの、鳥の羽で作ったもの、四角い形のものなどです。

古代ハワイアンが活用していた木々<オロナ>

ワウケと同種の木で、この樹皮をより合わせて作ったロープは強く、耐久性に優れ、魚の網やヒョウタンを包むネットや、羽のマントの下地として使われました。

ほかにもあるハワイの神話 4

マウイが天を持ち上げた話

昔は天と地の間が狭く、人々は這って移動するしかありませんでした。
ある時、マウイは天を持ち上げようと思い立ちます。地面に足を踏ん張り、肩の上に天を乗せてぐいと押し上げました。天は木の高さになりました。つぎにマウイは丘の上に立って天を持ち上げると、天は山の高さになりました。最後にマウイはありったけの力を込めて、両手で天を突きあげました。こうして天は現在の高さになりました。

マウイの娘ノエノエとカウイキ

マウイにはノエノエ（ノエノエウアケアオハナ）という娘がいました。ノエノエはカウイキという若者と恋をします。
カウイキは幼いころに海の波に乗ってやってきて、メネフネ（P.90）に育てられました。海の神の子どもなので、やがて海に帰る運命にありました。
マウイは、恋人との別れに胸を痛める娘の姿を見て、魔法の力でカウイキをマウイ島ハナの近くの小山に変え、ノエノエをその小山を優しく包む霧に変えました。二人は今日まで離れることなく一緒にいるということです。

マウイが島を釣り上げた話

ある時、子どもだったマウイは、兄たちに釣りに連れていってもらいました。
魔法の釣り針をつけた糸を海に垂らすと、すぐに大物が掛かりました。マウイは兄たちに「絶対に振り向かないで、力いっぱいカヌーを漕いで」と叫びました。
魚との格闘が続き、とうとう我慢できずに兄のひとりが後ろを振り返ってしまいます。その瞬間に釣り糸が切れて、いくつかの島が現れました。マウイは大地を釣り上げていたのです。
それがハワイの島々だという話や、ハワイ島ヒロのココナツアイランドだという話があります。

ハワイの神話〈神々〉

カネ

Kāne

ハワイの神々の中で最高位にあるのがカネ、クー、ロノ、カナロアの四大神です。中でもリーダー的な存在カネには、この世を創ったり、最初の人間を生み出したり、水を湧き出させたりと創造に関わる神話がたくさん伝えられています。カネが湧き出させた泉は「カネの水」と呼ばれ、たいていつぎのような話が伝えられます。カネとカナロアが旅の途中で水のない土地を通りがかり、カネが杖を地面に突き刺して新鮮な水を湧き出させたというお話です。実際に『ワイ・カネ』『カネ・ワイ』などの地名には、このようなカネの神話が伝えられていることがあります。

カネの水

昔あるところに首長がいました。
彼には何人もの息子がいましたが、末っ子のアウケレを一番可愛がっていました。アウケレは賢く、力も強く、勇気があり、リーダーとしての資質を備えていたからです。首長はアウケレを自分の後継ぎに指名しました。
それを知ったアウケレの兄たちは面白くありません。特に長兄は自分が次の首長になるものだと思っていたからです。そこで兄たちは、新天地を求めて旅に出ることにしました。
若く好奇心あふれるアウケレは自分も旅に出たくてしかたがありませんでした。同じ歳で子供のころから仲の良い、長兄の子供カウマイに頼んで長兄を説得してもらい、兄たちと一緒に旅に出ることを許してもらいました。

アウケレと兄たちを乗せたカヌーの旅がはじまりました。それは長い旅となりました。ようやく島を目にしたとき、兄たちは喜びの声をあげました。その島を乗っ取って、自分たちが王となり、新しい国を建てるという野望を持っていたからです。
しかしそれはアウケレが出発前に祖母から上陸したら絶対に殺されると予言されていた島でした。アウケレはそのことを伝えましたが、兄たちは聞き入れません。
しばらくするとその島から使いの鳥が飛んできました。
「おまえたちは何をしに来た？」
長兄は大きな声で返事をしました。
「この島を征服しに来たのだ！」

殺されると思ったアウケレは、ひとり海へ飛び込みました。島まで泳ぎ、浜に上がって後ろを振り返りました。兄たちを乗せたカヌーの姿はどこにもありませんでした。
その島を治めていたパワフルな魔術者ナマカ（ナマカオカハイ）が、島を征服しにやってきたカヌーを魔術で灰にしてしまったのでした。
ナマカはカヌーから逃げてきたアウケレを見た瞬間に、彼が偉大な力を持っていることを見抜きました。そして自分と結婚すれば命を助けるという条件を出しました。アウケレには他に選択肢はありません。
こうして二人は結婚しました。

次第にアウケレとナマカとの間に愛情が芽生えていきました。アウケレはナマカや彼女の兄たちから、いろいろな魔術を教えてもらいながら仲良く暮らすようになりました。
けれどもアウケレはどうしても親友のカウマイのことを忘れることができませんでした。カウマイの死が悲しくて食事も喉を通らなくなりました。日に日にやせ衰えていく夫を見ていたナマカは、死んだ人を生き返らせることのできる「カネの水」のことをアウケレに教えました。「カネの水」は遠い洞窟の中にあり、魔物が守っていました。「カネの水」を得ることはとても危険なことでした。
アウケレはナマカの目をじっと見据えて言いました。
「その水でカウマイを生き返らせる。心配いらないよ。必ず帰ってくる」

アウケレは「カネの水」を求めて、ひとりで旅に出ました。ナマカの兄から教わった空を飛ぶ術を使って、アウケレは東へ向かって飛んでいきました。やがて大きな山にぽっかりとあいた洞窟にたどり着きました。
洞窟の入口に門番がいました。アウケレは自分の名前と「カネの水」

を必要としている理由を告げました。
門番がこたえました。
「その水はこの洞窟の奥深くにある。竹林に注意しなさい。竹林に触れたら、その音で『カネの水』を守る魔物が目覚めてしまうだろう」
アウケレは門番に礼を言って洞窟の中へ入り、教えられたとおりに竹に触れないように進んでいきました。しばらくいくと二人目の門番がいました。同じようにアウケレは名前とここに来た理由を言いました。
二人目の門番が言いました。
「左側を歩いていきなさい。右側には黒檀の木が生えている。その木に触れると、その音で『カネの水』を守る魔物が目覚めてしまうだろう」
アウケレは礼を言い、左側を歩いていきました。しばらく進むと三人目の門番がいました。門番はヤシの林に気をつけるようにと教えてくれました。
「洞窟の突きあたりに盲目のおばあさんがいる。その人はお前の親戚だ」
アウケレは礼を言い、ヤシに気をつけながら行きました。洞窟の突きあたりに盲目のおばあさんがいました。アウケレは自分の名前と両親と祖母の名前を告げました。
「おやおや、よく来たね」
盲目のおばあさんは喜んでアウケレを迎えてくれました。アウケレが「カネの水」を取りにきた理由を伝えると、おばあさんはその方法を教えてくれました。
「洞窟の隅に小さな穴がある。魔物がそこにヒョウタンを入れると、穴の中にいる水の番人がヒョウタンに『カネの水』を汲んでくれるのさ。声を出してはいけないよ。魔物でないことが、ばれるからね」
アウケレは言われたとおり、小さなヒョウタンを穴の中に入れました。黙ってしばらく待っていると、水の番人がヒョウタンを受け取り、その中に水を満たしてまたアウケレの手に持たせてくれました。

アウケレは穴からヒョウタンを取り出しました。中にはたっぷりと「カネの水」が入っています。
とうとう「カネの水」を手に入れたのです！　アウケレはおばあさんへのお礼もそこそこに、来た道を走って戻りました。喜びのあまり、アウケレはヤシや黒檀の林に気をつけることをすっかり忘れてしまったので、木々に触れた音で魔物を起こしてしまいました。
「『カネの水』を盗まれた！」
魔物はアウケレを追いましたが、すでにアウケレは遠い彼方に飛んで逃げてしまったあとでした。

こうしてアウケレは「カネの水」を無事に持ち帰ることができました。
ナマカはアウケレから「カネの水」を受け取って海に注ぎました。
しばらくすると水平線の彼方からカウマイやアウケレの兄たちを乗せたカヌーがこちらに向かってやってくるのが見えました。

ほかにもあるハワイの神話5

カネとカナロア

ある時、カネとカナロアが、マウイ島南東部のケアナエを旅していました。その地は水が不足していたので、カネはカウイラの木の杖を地面に突き刺して新鮮な水を湧き出させました。
ほかにも、オアフ島東部のヘエイアの北部のワイカネという地域も、カネとカナロアが新鮮な水を噴出させたという言い伝えがあります。この場所はカネの水という意味の『ワイ・カネ』という地名が残されています。

クー

昔むかし、クーはヒナと一緒にカヒキからハワイへやってきました。「立つ」という意味のクーは男性面を表し、東と関係します。一方「横たわる」という意味のヒナは女性面を表し、西と関係します。クーとヒナは東から西までの全世界、生まれる者から死んでいく者まで全ての人の象徴ともいわれています。
ハワイにやってきたクーは、様々に姿を変えて守護者となります。最も有名なのは戦争の神です。ほかにも魔術、農業、植物、漁業、カヌー造り、薬草、フラなどの神でもありました。

ロノ

ロノはハワイ島ワイピオに住んでいた娘を妻にしました。多くの男たちが彼女に言い寄りました。それに嫉妬したロノは、妻が浮気していると疑い、殺してしまいます。やがて妻の無実を知ったロノは、自分の行いを悔み、妻を敬うためのマカヒキ祭りをはじめました。そして食糧や家畜でいっぱいにした小島に乗って帰ってくると言い残して旅に出ました。
実際にロノの予言どおり、マカヒキ祭りに小島のような大型帆船が現れたので、ハワイの人たちはロノの再来だと信じました。しかし乗っていたのはイギリスのクック船長で、彼がロノ神に間違われた話は有名です。

ハワイの神話〈神々〉

メネフネ

Menehune

メネフネはカウアイ島を故郷とする小さな人たちのことです。背丈は1mほど、毛深く赤ら顔で、大きな目とだんご鼻をした個性的な風貌をしています。昼間は山の中に住み、夜になると山を下りて仕事をして、一番鶏が鳴いたら朝がくる前に山へ帰ります。メネフネが大勢で石垣を築く話はとても有名です。実際にハワイ各地にはメネフネが造ったとされる用水路、フィッシュポンド、ヘイアウがたくさんあります。メネフネは遊びや食べることが大好きで、たまに悪戯や失敗をするユニークな存在です。また人を石に変える力も持つそうです。

メネフネ・フィッシュポンド

昔むかしのお話です。

カウアイ島のナヴィリヴィリに王子と王女が住んでいました。二人は仲の良い兄と妹で、よく一緒に海で泳いだりサーフィンをしたりしていました。

兄のほうはサメのようにすばやく泳ぐのでマノと呼ばれ、妹はマンタのように優雅に泳ぐのでハーハールアと呼ばれていました。

二人は自分たちの国をよりよくするために、いつも話し合っていました。

ある時、マノがハーハールアに言いました。

「最近不漁が続いている。乾燥魚も底をついてきた。どうしたものだろう」

ハーハールアがこたえました。

「これで天気が悪くなったら、漁にさえ出られなくなるわ」

しばらく黙って考えていたマノは、はっと顔を輝かせました。

「そうだ！　フレイア川の河口にフィッシュポンドを造ろう」

フィッシュポンドとは養魚池のことです。ナヴィリヴィリ湾に注ぐフレイア川の一部に石垣を築いてフィッシュポンドを造り、そこで魚を育てれば、いつでも好きなときに魚を得ることができるというのです。

ハーハールアがたずねました。

「でもどうやって？　村人たちはタロ畑のために灌漑を造るのに忙しくて、とてもフィッシュポンドまで手がまわらないわ」

マノがこたえました。

「メネフネに頼むのさ」

マノはワイメアに住んでいる従兄弟の王子が、メネフネの力を借りて用水路を完成させたことを思い出したのでした。ハーハールアもその

見事な用水路を見たことがありました。メネフネならきっと立派なフィッシュポンドを造ってくれるはずです。二人はメネフネに頼んでみることにしました。
さっそくマノは側近のカフナに、すぐにメネフネのリーダーと交渉してくるように命じました。
そのカフナは何日もかけて、やっとメネフネのリーダーを探し出して連れて帰ってきました。そのメネフネは髭をはやした小柄な男で、名前をパパエナエナといいました。
マノはパパエナエナにフィッシュポンドを造ってほしいということを伝えました。パパエナエナは無言で、しばらくの間フィッシュポンドの予定地を調べていました。
「いいだろう。我々メネフネならここにフィッシュポンドを造ることができる」
それを聞いたマノはほっとしていいました。
「よかった。では、そのお返しとして、わたしたちは何をしたらいいだろう？」
パパエナエナはこたえました。
「フィッシュポンドが完成したら我々にも魚を分けてもらいたい。一匹捕ったら、我々メネフネにも一匹という具合に、池のほとりに置いておくこと」
マノはこたえました。
「わかった、そうしよう」
パパエナエナは続けました
「我々メネフネは一晩で仕事をする。働いている間は誰にも邪魔されたくない。誰も覗き見してはならない。朝日が昇るまで、雄鶏を鳴かせてはいけない。犬も豚も鳴かせてはいけない」
マノはこたえました。
「わかった。約束する」
パパエナエナはうなずきました。
「よろしい。仕事は次の満月だ。約束は絶対に守ること」
そういうと、パパエナエナは山の中に帰っていきました。
マノとハーハールアは村人たちを集めて、メネフネとの約束を伝えました。

そして満月の夜がやってきました。村中の雄鶏や犬や豚は小屋の中に隠されました。マノもハーハールアも、そして村人全員もそれぞれの家にこもって息をひそめていました。
しばらくすると遠くから大勢の人の足音と低い話し声が聞こえてきました。好奇心旺盛なマノは、外を見たくてしかたありませんでしたが、メネフネとの約束を思い出してぐっとこらえました。
ただ待っているだけの時間はとても長いものでした。夜は永遠に続くかのように思われました。月はまるで空に張り付いたかのように動きません。マノの好奇心はどんどん膨らんでいきました。どのぐらい進んでいるのだろう？　場所を間違えてはいないだろうか？　そんなことを考えていると、どうにも落ち着きません。そしてとうとうマノは我慢できずに家からそっと外を覗いてしまいました。
視線を感じたパパエナエナは、すぐに仲間に仕事を中断して集まるように命じました。仲間のメネフネたちは抱えていた石をその場に置いて、フィッシュポンドの近くで指揮をとっていたパパエナエナのもとに集まりました。その手は溶岩の塊を運んでいたために傷だらけでした。メネフネたちはフィッシュポンドで傷ついた手を洗って山へ帰っていってしまいました。

あたりはだんだん明るくなってきました。マノは家から飛び出してフィッシュポンドを見にいきました。石垣はあとほんの3メートルというところで未完成のまま放置されていました。池の水はメネフネが傷ついた手を洗ったために血で真っ赤に染まっていて、そよ風にさざなみが立っていました。
そこに後からやってきたハーハールアが言いました。
「人の上に立つ者は、自分の言葉は法律であること、それは自分も守らなくてはいけないということを忘れてはならないわ」
マノは自分の行動を恥じました。
それからマノとハーハールアは、人々が安心して暮らせるようにより一層の努力をしたそうです。

こぼれ話

「アレココ」という名の池

このフィッシュポンドは血のさざ波という意味の「アレココ」と名付けられました。今でもこのフィッシュポンドの石垣の一部は、全く違う造り方で補修されているのが見られるそうです。

ほかにもあるハワイの神話 6

スリーピングジャイアント（ノウノウ）

カウアイ島のお話です。メネフネたちと巨人プニは友達でした。
ある日、オアフ軍が攻めてきました。メネフネたちはプニに助けてもらおうとしましたが、食いしん坊のプニは満腹で眠りこんでいます。メネフネたちはつぎつぎに石を投げて、プニを起こそうとしました。その石はプニに当たってはねかえり、海までとんでいってオアフ軍を追い払ってくれました。
けれどもプニは、投げられた石が喉に詰まって死んでしまいました。カウアイ島東側にあるノウノウという山はプニの寝姿にたとえられ、スリーピングジャイアントと呼ばれています。

クイリ山のヘルメット

ハワイ島のお話です。メネフネたちはフアラライ山の頂上を切り取って、それを隣のクイリ山の上に乗せたら、ヘルメットを被せたみたいで面白いだろうと考えました。
夜になり、メネフネたちはフアラライ山を切り取りにかかりましたが、すぐに雄鶏の鳴き声が聞こえてきました。メネフネは一番鶏が鳴いたら、夜が明ける前に山へ帰らなくてはなりません。
次の日も、その次の日も同じことが起こりました。メネフネたちはとうとうやる気をなくしてしまいました。
実はカネ神が、メネフネたちの企みを知り、聖なる雄鶏を使ってやめさせたのでした。

photo by Midori Kitta

ハワイの神話 story.04

Ali'i
チーフ

昔、ハワイには小さな国がたくさんあり、それぞれをチーフ（首長）が治めていました。そのチーフたちの上に君臨し、ハワイを統一したのがカメハメハ大王です。彼は18世紀半ばから19世紀にかけての激動のハワイを生き、勇敢な戦士として数々の偉業を成し遂げました。一方暮らしは質素で、平和を愛し、晩年は農業をしながら静かに暮らしたとも伝えられています。カメハメハ大王は多くの優れた才能と人間味あふれる魅力を兼ね備えた、カリスマ性のある王様でした。偉大なマナ（神秘の力）を持つ神のような存在であったことを示す数々の話が伝えられています。

カメハメハ大王

夜空に巨大な彗星が現れました。

その翌日、コナ地方の首長の妻ケクイアポイヴァは産気づきました。ケクイアポイヴァは出産のために、人目を忍んでコハラへ来ていました。嵐が吹き荒び、雷鳴がとどろく中、ケクイアポイヴァは男の子を出産しました。

「なんて元気な男の子なんでしょう」

可愛い我が子と対面したケクイアポイヴァは、赤ん坊に微笑みかけました。けれどもいつまでも安堵と幸せに浸っていることはできませんでした。

当時、ハワイ島にはアラパイという大首長がいました。アラパイはカフナから、他の首長たちをすべて倒し、ハワイの王となる赤ん坊がまもなく生まれるだろうと予言を受けていました。その予言を聞いたアラパイは、ハワイ島で生まれる赤ん坊を皆殺しにするようにと家来たちに命じていたのです。そのためケクイアポイヴァは、我が子の身を案じて遠く離れたコハラで密かに出産したのでした。

ケクイアポイヴァは、生まれたばかりの赤ん坊を信頼のおけるコハラの首長ナエオレに託しました。

ケクイアポイヴァの赤ん坊は、人里離れたコハラの山奥でナエオレに守られながらすくすくと成長し、やがて5歳になりました。もう命を狙われることはないと判断した両親は、息子をコナに呼び寄せました。

「おまえに“カメハメハ”という名前を授けよう」

この時から、その子どもはカメハメハと呼ばれるようになりました。ずっと親元から離れて暮らしていたことから、ハワイ語で“孤独な者”

という意味の名前がつけられたのです。

カメハメハは、コナに来てすぐに他の同年代の子どもたちとも仲良くなりました。やがてその中のリーダーとして、他の子どもたちを率いるようになりました。

生まれながらにして体が大きく力が強かったカメハメハは、泳ぎでも走ることでも、他の子どもに負けることはありませんでした。

コナの両親のもとで数年を過ごしたあと、カメハメハはハワイ島南部カウーの大首長である叔父カラニオプウのところへ送られました。カラニオプウの元で、戦士として必要な知識や武術をしっかりと身につけるためでした。

ちょうどその頃、ハワイ島の大首長アラパイが亡くなりました。そのため、次にハワイ島最大の首長となったのが、カメハメハの叔父カラニオプウでした。カメハメハは偉大な叔父の傍らで、国の治め方や戦いの方法を直接学ぶことになりました。
さらにカメハメハは勇敢な戦士になるために徹底的な教育を受けました。カヌーの漕ぎ方、サーフィン、泳ぎ、釣り、山登り、戦い方、槍投げ、投石の仕方など、戦いに必要な技術をしっかりと身につけました。

14歳になったカメハメハは、すでに身長が180cm以上もあり、体つきもがっしりとして、大人に引けを取らないぐらいの力持ちになっていました。若いカメハメハは、自分の力を証明したくて仕方ありませんでした。
「そうだ“ナハ・ストーン”を持ち上げよう」
カメハメハは決心しました。
ナハ・ストーンとは、現在ヒロの市立図書館の前にある巨石のことです。かつて偉大なカフナが、その巨石を持ち上げた者はハワイの偉大な王となると予言しました。しかしそれまで誰もその石を持ち上げた者はいませんでした。
カメハメハは、ナハ・ストーンを持ち上げるのは自分しかいないと思っていました。そこで叔父のカラニオプウの許可をもらって、はるばるヒロまで力試しに出かけました。
その時、ちょうどヒロではマカヒキ祭りの最中でした。ナハ・ストーンのまわりには、島中から力自慢の男達が集まっていました。つぎつぎとその石を持ち上げようとチャレンジするのですが、誰も動かすことができません。
とうとうカメハメハの番になりました。たくさんの首長、カフナ、戦士、そして見物人が見守る中、カメハメハは見事にナハ・ストーンをひっくり返したのでした。

誰もが、カメハメハは偉大な戦士になり、偉大な王になるだろうと確信した瞬間でした。

遂にカメハメハが戦士として戦いに出る日がやってきました。彼が17歳のときです。叔父のカラニオプウが、マウイ島の王カヘキリとの戦いに、カメハメハを連れていくことにしたのです。
最終的にはカラニオプウ軍はカヘキリ軍に敗れたのですが、その戦いの中で、カメハメハは優れた戦士であることを証明しました。カメハメハ自身も、一人前の戦士として戦ったことが大きな自信となりました。

それから数年後、カメハメハを勇敢な戦士へと育ててくれた叔父のカラニオプウは老齢のために床に伏せるようになりました。自分の死期を悟ったカラニオプウは、側近たちを呼び寄せて遺言を伝えました。
「このハワイの島は、息子のキヴァラオへ託す。そして戦いの神クーカヒリモクの管理は甥のカメハメハに譲る」
それからすぐに、カラニオプウは息を引き取りました。
ハワイ島はカラニオプウの息子キヴァラオが統治することになりましたが、実際には、勇敢な戦士のカメハメハ側につく者もたくさんいました。しだいにハワイ島の首長たちはキヴァラオ側につく者と、カメハメハ側につく者とに分かれ、あちらこちらで小さな戦いが行われるようになりました。
その中のある戦いで、カメハメハと同盟を結んでいたマウイ島出身の首長ケエアウモクが、キヴァラオ軍と戦ってキヴァラオを倒しました。そして事実上、カメハメハがハワイ島を治めることになりました。

ある日、ケエアウモクがカメハメハを訪ねてやってきました。カメハメハは、その時にケエアウモクが一緒に連れてきた若い娘を一目見るなり、心を奪われてしまいました。

「彼女こそ、わたしの妻になる人だ」

その娘はケエアウモクの娘、カアフマヌでした。カアフマヌはカメハメハに負けず劣らず体が大きい女性で、美しさと気品を兼ね備えていました。

カメハメハは、ケエアウモクに言いました。

「あなたの娘カアフマヌと結婚させてください」

ケエアウモクはカメハメハの手をとっていいました。

「こんな嬉しいことはない。カアフマヌは美しく賢い娘だ。きっとあなたの役に立つだろう」

やがてカメハメハとカアフマヌは質素な結婚式をあげました。

ちょうどその頃、イギリスのクック船長がハワイ諸島を訪れ、欧米諸国がハワイの存在を知ることとなりました。しだいにイギリスやアメリカの商人たちが、太平洋の航海の途中でハワイに立ち寄るようになり、それと同時に欧米文化がハワイにもたらされるようになりました。
カメハメハが欧米文化の中で最も興味を持ったのは銃や大砲でした。それまでハワイには金属はなく、武器といえば石や動物の歯や木を材料に使ったものだけだったからです。
じきにカメハメハは銃や大砲を手に入れ、武力を増大していきました。そしてマウイ島、モロカイ島、ラナイ島を支配し、オアフ島のヌウアヌ・パリで劇的な勝利を収めました。
その後、カメハメハは何度かカウアイ島に兵を向けたのですが、そのたびに嵐に見舞われたり、彼自身が病気になったりして、どうしてもカウアイ島へ行くことができませんでした。とうとうカメハメハは、カウアイ島とニイハウ島を治めていた首長と話し合い、自治権と引き換えに税金を払うという約束を取り交わすことで、ハワイ全島を支配下に置くことになったのでした。

カメハメハには、たくさんの妻がいました。そのひとりにケオープーオラニという身分の高い女性がいました。彼女はとても神聖な女性だったので、カメハメハでさえ彼女の前ではひざまずいたそうです。彼女はカメハメハの後継者となるリホリホという息子を生みました。

また偉大なるカメハメハは、火山の女神ペレに守られていたとも伝えられています。
かつてカメハメハがマウイ島へ遠征に行っている間に、キヴァラオの弟ケオーウアがハワイ島のカメハメハの領地を荒らして、カヌーで帰る途中のことでした。突然ハレマウマウ火口が大爆発を起こしました。

火の粉や岩石が海に降り注ぎ、あたりは毒ガスが充満し、ケオーウアの艦隊のほとんどが沈没したそうです。
またこんなこともありました。カメハメハがハワイ島西部のカイルアに住んでいたときに、近くの火山が大噴火し、そこから流れ出る溶岩はつぎつぎと村々を飲み込んでいきました。噴火と溶岩流はいつまでも続き、どんなに偉大なカフナが祈りや生贄を捧げても止まりません。そこでカメハメハは、自分の髪の一部を切ってティの葉にくるみ、溶岩流の中へ投げ込みました。すると噴火が鎮まり、溶岩流も止まったということです。

カメハメハはハワイ諸島を統一した後は、戦いを嫌い、平和を愛しました。
それにはこんな話が伝えられています。まだハワイ全島の王となる前のことです。ある浜辺で敵対する漁師たちと戦ったことがありました。カメハメハはうっかり溶岩の裂け目に足をとられて身動きがとれなくなってしまいました。敵対する漁師たちは、これ幸いと櫂が折れるまでカメハメハを殴りました。
その後、カメハメハがハワイ全島の王となったときに、その漁師たちは捕らえられ、カメハメハの前に突き出されました。けれどもカメハメハは彼らを罰することはありませんでした。彼はその出来事によって弱者の立場を経験し、誰にとっても平和で安全な世の中をつくらなくてはならないことを学んだからです。
それが有名な『折れた櫂の法律』です。それは“年老いた者、女、子どもたちは、安心して道で横になることができること。これに背いた者は死に値する”という内容の法律でした。

カメハメハは、晩年を愛するハワイ島カイルアで過ごしました。王が亡くなったとき、海は潮が満ち、アーヴェオヴェオという赤い魚であふれたそうです。
そしてマナをたくさん宿す王の遺骨は、海を見下ろす洞窟に隠されました。現在でもどこにあるのか公にされていません。“天の星だけがカメハメハの眠る場所を知る”とだけ伝えられています。

こぼれ話

3つのカメハメハ大王像

ハワイには3つのカメハメハ大王像があります。ひとつはオアフ島イオラニ宮殿前、もうひとつはハワイ島ヒロの町、そしてカメハメハ大王生誕の地であるハワイ島コハラの町です。
イオラニ宮殿前のカメハメハ大王像の台座の四面には、大王の偉業がレリーフとともに称えられています。若い頃に叔父のもとで武術を学び戦いで勇敢さを示したこと、マウイ島でクック船長を迎えたこと、800艘のカヌー艦隊を率いたこと、『折れた櫂の法律』を定めたことです。

カメハメハ大王に関係するハワイのメレ(歌)

♪ *Mele Ma'i No Kamehameha*
カメハメハ大王の生殖器の歌。昔は王子や王女が生まれると繁栄を願って、その子のための生殖器の歌が作られました。

♪ *Hole Waimea*
カメハメハ大王を称える歌。ワイメアに強い槍部隊がいました。hole は木の皮を剥くという意味です。カメハメハ大王のために、森へ行って木の皮を剥き、槍を作ることを歌っています。

♪ *Hana Waimea*
ワイメアに降る冷たい雨（キープウプウ）をカメハメハ軍にたとえ、その激しい戦いぶりを歌い、カメハメハ軍の強さや偉大さを表しています。

ヒロの名前の由来

カメハメハ大王にまつわる話はたくさん伝えられています。
その中のひとつに、カメハメハ大王がワイルク川の河口一帯をヒロと名づけたという話があります。

これはまだカメハメハが、ハワイを統一する前のお話です。
この時、すでにカメハメハはハワイ島を統治する勇敢な戦士として有名でした。彼の名前はほかの島々にも広く知れ渡っていました。
そのためカメハメハには、たくさんの敵がいました。いつほかの島の王たちに命を狙われるかわかりません。外出のときは、必ず家来を従えていました。

ある時、カメハメハはワイルク川の川上に住む、偉大な首長を訪ねることにしました。家来の者たちを連れて、カヌーでワイルク川をのぼっていきました。
川幅が狭くなってきて、これ以上カヌーで川をのぼれなくなると、カメハメハは家来の者たちに命じました。
「停めよ。ここからは歩いていく」
家来のひとりがこたえました。
「では、わたくしたちもお供いたします」
カメハメハがいいました。
「いや、わたしひとりで大丈夫だ。お前たちは、ここでカヌーの番をしておくように」
カメハメハは昔から親交のある首長に会いにいくので、ひとりでも安心だと思いました。

そしてカメハメハはカヌーを降り、家来たちをそこに残して、川上へ向かって歩いていきました。
長い時間が経ちました。なかなか王は戻ってきません。家来たちは、だんだん心配になってきました。敵に狙われたのではないか、溶岩の穴に落ちたのではないかと、王の身を案じていました。
でも、ここにカヌーを残して王を迎えにいくことはできません。誰かにカヌーを盗まれるかもしれないし、川に流されてしまうかもしれないからです。
そのとき、ひとりの家来が声をあげました。
「そうだ、ティの葉でロープを作って、カヌーを岩にしばりつけておこう」
別の家来がこたえました。

「ロープ？ どうやって作るんだ？」
ロープを作ることを提案した家来が、近くに生えているティの葉を数枚ちぎりました。そして器用に何枚ものティの葉を編みこんで、太いしっかりとしたロープを作りました。
「これは、“ヒロ”と呼ばれている編み方だ」
ほかの家来たちも、彼にならってティのロープを何本もつくりました。
家来たちは、出来上がった何本ものロープで、しっかりとカヌーを近くの岩に縛りつけました。これで誰かに盗まれたり、川に流されたりしないはずです。
それから家来たちは、カメハメハを迎えに、川上に向かって歩いていきました。

しばらくして家来たちは、こちらに歩いて来るカメハメハと出会いました。
「王様、ご無事でしたか。お迎えにあがりました」
カメハメハがこたえました。
「わたしは大丈夫だ。それよりもお前たち、カヌーはどうした？ カヌーを置いてくるとは何事だ！」
家来のひとりが、ロープを作ってきちんとカヌーを縛ってあることを説明しました。
カメハメハ一行は、カヌーが置いてある場所に戻ってきました。カメハメハは、カヌーを縛ってあるティのロープをみて感心していいました。
「これはワイピオで作られる、“ヒロ”という編み方だな。なぜワイピオの者がここにいる？」
ロープの作り方をみんなに教えた家来がこたえました。
「はい、わたくしはワイピオの出身です。王様にお仕えするためにワイピオから出て参りました」

それを聞いてカメハメハはいいました。
「そうか。すばらしい出来だ。これからこの編み方をほかの者たちに教えてほしい」
さらにカメハメハは続けました。
「よし、今日からこの地をこのロープの名前をとって、“ヒロ”と呼ぶことにする」
それ以来、ワイルク川の河口一帯は、ヒロと呼ばれるようになりました。ヒロとは、ハワイ語で“編む”という意味があります。

こぼれ話

浄化と保護の植物ティ

昔から邪悪なものを寄せ付けないと考えられ、レイにしたり、儀式に使ったり、供物を包んだり、フラのスカートにしたり、家の周りに植えたりします。人々が集まるところには必ず植えられ、ホテルの敷地やショッピングモールにも植えられます。

ヒロの町をうたったハワイのメレ（歌）

♪ *Hilo One*
ヒロの浜辺を舞台に、若者と娘の恋愛をうたった曲。

♪ *Hilo Hula*
♪ *Hilo Hanakahi*
これらの歌はヒロの美しさをうたっています。歌詞の中にも出てきますが、ヒロに降る雨はカニレフアと呼ばれます。

パフの由来

カウアイ島にモイケハという年老いた首長が住んでいました。彼は自分の死期が近づいていることを悟りました。そして残りの日々を、遠く離れたタヒチの首長となった息子のラアマイカヒキを呼び寄せて、息子たち全員と一緒に過ごしたいと望みました。

ある日、モイケハは息子たちの中から、年長のキラを呼び出しました。キラは頭もよく、体も大きく、誰よりも勇敢でした。

「キラよ。わしの息子ラアマイカヒキは、タヒチの首長だ。わしの代わりにタヒチのヘイアウを護っている。ぜひラアマイカヒキに会いたいのだ。おまえが迎えに行ってくれるか？」

キラは、自分に兄がいることは聞いていましたが、まだ会ったことはありませんでした。同じ父親の血をひく兄にぜひ会いたいと思っていました。
「はい。分かりました。わたしがラアマイカヒキを連れて帰ってきます」
キラは、父親が自分に重要な仕事を任せてくれたことを、とても名誉に感じました。
さっそくキラは長い航海に備えて双胴のカヌーを用意し、食料と水を調達し、優秀な乗組員を集めました。そして星の位置と、風や潮の流れから船を導くナビゲーターと、神々のサインを読むカフナ*も選びました。

出発の日になりました。モイケハに見送られて、キラを乗せたカヌーは出航しました。タヒチまでの船旅は、嵐に遭ったり、潮に流されたりと容易なものではありませんでした。しかしキラは、ナビゲーターの指示を受け、カフナのアドバイスに耳を傾けながら、無事にタヒチまでたどり着くことができました。
タヒチに到着すると、キラはまず最初にラアマイカヒキの母親ルウキアを訪ねました。
「アロハ。わたしはカウアイ島のモイケハの息子キラです。父モイケハの命により、ラアマイカヒキを迎えに来ました」
ルウキアは温かくキラを迎えました。
「アロハ、キラ。モイケハは元気ですか？」
キラはこたえました。
「はい、元気です」
ルウキアはにっこりとほほ笑みました。
「それはよかった。ところでラアマイカヒキは、ずっと山奥にこもっていて、長い間会っていないのですよ。この先の山奥にヘイアウがあ

*カフナ … 専門職のエキスパートのこと。一般的には聖職者や魔術師をさすことが多いようです

ります。そこのカフナに聞いてみるとよいでしょう」
キラは山へ入っていきました。しばらくすると、目の前に小さなヘイアウが現れました。
キラはそのヘイアウで、女性のカフナに迎えられました。
「アロハ。わたしはカウアイ島のモイケハの息子キラです。父モイケハの命により、ラアマイカヒキを迎えにきました。彼がどこに居るのかご存知ですか？」
カフナはこたえました。
「ここよりもっと山奥に入ったところに、あなたのお父さんが護っていたヘイアウがあります。ラアマイカヒキはそこに居ます」
キラは、そのカフナに教えてもらった通り、さらに森の奥へと入っていきました。やがて夜になりました。キラは休まず歩いていると、遠くから何かを叩く音が聞こえてきました。キラはその音をたよりに進みます。そして夜が白々と明けるころ、とうとうカフナに教えてもらったヘイアウに到着しました。
そこではラアマイカヒキが、大きな木の筒のようなものを叩いていました。それはパフと呼ばれる太鼓でした。キラはラアマイカヒキの手が止まるまで、その場に座ってじっと待っていました。
太陽が顔を出し、あたりが完全に明るくなると、ラアマイカヒキが太鼓を叩く手を止めました。そして彼は立ち上がり、キラのところへやってきました。
「お前は誰だ？」
キラも立ち上がりました。
「アロハ。わたしはカウアイ島のモイケハの息子キラです。父の命により、あなたを迎えにやってきました」
ラアマイカヒキの表情が穏やかになりました。
「父は元気ですか？」

緊張していたキラは、ほっと胸をなでおろしました。
「はい、元気です。ぜひあなたに会いたいと言っています」
ラアマイカヒキは、ためらうことなくカウアイ島へ行くことに同意しました。信頼のおける家来にヘイアウを任せ、カウアイ島までの航行に必要な食料と水の準備をはじめました。そして数日後、ラアマイカヒキは、かつて父親がこのヘイアウで叩いていたパフを携え、カフナと数人の家来とともに自分の双胴のカヌーに乗り込みました。
キラとラアマイカヒキを乗せた2槽のカヌーは、何日もかけてカウアイ島への航海を続けました。ようやくカウアイ島が見えるところまでやって来ると、ラアマイカヒキはカヌーの上でパフを叩きはじめました。
「ああ、懐かしい音だ」
カウアイ島で、今や遅しとキラの帰りを待っていたモイケハは、かすかに聞こえるパフの音に気づきました。海のほうに目をやると、遠くの水平線に二隻のカヌーが見えました。モイケハは久し振りに会うラアマイカヒキと、無事に役目を果たしたキラを祝福するために、大きな宴の準備を人々に命じました。
その後、ラアマイカヒキは長い間カウアイ島に滞在し、多くの人にパフとパフに合わせて踊るフラを教えました。こうしてパフはハワイに伝えられたということです。

こぼれ話

パフにまつわる話

パフは『クムリポ』によると第８段階で、カネとカナロアの後に生まれたとあります。昔から儀式の時に使うとても神聖な太鼓とされ、特別な小屋に保管されていました。かつてはサメの皮が張られており、うまく叩かなければ手が傷だらけになったそうです。

photo by Midori Kitt

ハワイの神話　story.05

Aloha ʻĀina
自然

ハワイの人たちは大地を深く愛しています。大地に生きる草木や動物、そこに降る雨、そよぐ風などの中に神を見出します。そこにはオハナ（家族）を守ってくれる最も身近なアウマクア（守護神）もいます。アウマクアで有名なのはプエオ（フクロウ）、マノ（サメ）、ホヌ（亀）でしょう。他にも動物、植物、石、雨や雲など50種類以上もあるそうです。また自然の中に様々なしるしを感じ取り、それを神からのメッセージとして受け取ったりもします。ハワイの人たちの生活そのものが自然なのです。

プエオの戦い

昔々、まだワイキキがコウと呼ばれていたころのお話です。
パンチボウルの丘から西へ下ったところのカヘフナという場所に、カポイという男が住んでいました。
ある日、カポイは草ぶきの家を修理するために、近くの沼にピリという草を採りにいきました。そして背の高いピリ*の間にプエオ（ふくろう）の巣を見つけました。巣の中には卵が７つあります。
「ちょうどいい。この卵を今夜のごちそうにしよう」
カポイは７つの卵を全部、草で編んだバスケットの中に入れました。そしてピリの束と一緒に家に持ち帰りました。

家に着くとカポイは、さっそく卵を調理することにしました。まず石を火で十分に熱し、イムと呼ばれる庭に掘った穴の中に入れます。つぎにプエオの卵をティの葉で丁寧にくるみました。それをイムの中の熱した石の上に置いて、上から土を被せて蒸し焼きにするつもりでした。
カポイがティの葉でくるんだ卵を、いざイムの中に入れようとした時、頭上から声がしました。
「カポイ、待ってください」
一羽のプエオが、カポイのすぐ近くの木の枝に舞い降りました。
「カポイ、どうかその卵をわたしに返してください」
カポイは手を止めて、プエオを見上げました。
「本当にこれはきみの卵なのかい？　いくつあったんだい？」
プエオがこたえました。

＊ピリ … 屋根の材料として使われました。またpiliはハワイ語でくっつくという意味なので、知識が身につくようにとフラの祭壇に捧げられることもあります

「7つです」
それを聞いたカポイは、自分が持ち帰った卵がこのプエオのものだということが分かりました。
「この卵は晩ごはんにするつもりなんだよ」
プエオは悲しそうな声で言いました。
「お願いです、カポイ。わたしの卵を返してください」
それでもカポイは、プエオの願いを聞き入れません。
「もう調理の準備ができているんだ」
プエオは少し強い調子でいいました。
「カポイ、なんて意地悪なんでしょう。あなたは自分勝手です」
それを聞いてカポイはバツが悪くなりました。そしてだんだんとプエオが可愛そうに思えてきました。
「分かった。卵を返すよ」

卵を返してもらったプエオはとても感謝して、アウマクアになって一生カポイを護ることに決めました。
プエオはカポイに言いました。
「カポイ、マノアに新しいヘイアウを建ててください」
さっそくカポイはプエオに言われたとおりに、マノアにヘイアウと呼ばれる神殿を建てました。そして祭壇に供物を捧げ、さまざまなカプと呼ばれる禁止行為を定めました。
カポイが自分のアウマクアのためにヘイアウを建てた話は、人から人へと伝えられ、やがて首長のカクヒヘヴァ*の耳にも届きました。
当時、カクヒヘヴァはワイキキに居を構え、オアフ島を治めていて、自分の許可なくヘイアウを築いたり、カプを宣言することを禁じてい

＊カクヒヘヴァ … 16世紀頃にオアフ島を治めていた首長。現在モアナ・サーフライダー・ホテルの敷地となっている広大な土地に住んでいました。カクヒヘヴァが植えたヤシの木は林となり、ヘルモア・グローブと呼ばれました

ました。

「わたしの命令にそむいた者は、生贄に処す。その者を捕まえよ！」

カクヒヘヴァの家来たちは、カポイを捕らえるためにマノアへ向かいました。

カポイはカクヒヘヴァの家来たちに捕らえられ、ワイキキの牢屋に入れられました。つぎの儀式の日には、生贄として神に捧げられる予定でした。

その様子を、空からプエオが見ていました。

「大変なことになった。カポイを助けなくては！」

プエオはハワイの各島にいる仲間に助けを求めました。

ラナイ島、マウイ島、モロカイ島、ハワイ島からやってきたプエオの仲間は、ダイアモンドヘッド近くのカラプエオという場所に集まりました。
オアフ島とカホオラヴェ島の仲間は、ヌウアヌのカノニアカプエオという場所に集まりました。
カウアイ島とニイハウ島の仲間は、モアナルア近くのプエオフルヌイという場所に集まりました。
「さあ、カポイを助けに行こう！」
プエオは、各島の仲間たちがみんな集まったところで、カポイが捕らわれているワイキキに向かって飛び立ちました。その後を追って、プエオの仲間たちが一斉にワイキキをめざしました。その様子は、まるで黒い雲がワイキキの空を覆ってしまうかのようでした。
プエオたちは、カポイが捕らわれているワイキキの牢屋とヘイアウを守っている兵士たちに襲い掛かりました。鋭い爪が兵士たちの目をつつき、顔をひっかきます。兵士たちはプエオの数があまりに多すぎて、とうてい太刀打ちできません。
とうとう兵士たちはプエオたちと戦うのをあきらめて、ワイキキから逃げ出してしまいました。
その様子を遠くから見ていたカクヒヘヴァは、カポイを解放しました。
「お前のアウマクアはマナを持っている。真の神のしるしだ」
こうしてカポイはプエオのおかげで命拾いをしました。それ以来、プエオは神として尊ばれるようになったそうです。

こぼれ話

マノアを舞台にしたハワイのメレ（歌）

♪ *Kahalaopuna*

マノアははじめてプエオが神になった場所として、また王族が好んで住んだ場所として有名です。マノア渓谷にかかるの虹の女神カハラオプナ（P.128）をうたった曲です。

ウルの伝説

遠い遠い昔のことです。
ハワイ島のヒロの西側にある山深いワイアケアという所に、ウルという男がいました。
真面目で働き者のウルは、優しくてしっかり者の妻と、モクオラという名の息子と３人で暮らしていました。
ウルは素晴らしい家族に恵まれたことを幸せに思い、一生懸命に働きました。しかし彼にはたった１つ悩みがありました。最愛の息子モクオラは、赤ん坊のころから小さくて、病気がちなことでした。
ウルと妻は、モクオラが大きく元気のよい子になるようにと願って、栄養のある物を食べさせたり、体を丈夫にする薬草を飲ませたりしました。両親の愛情を一身に受けていたモクオラでしたが、いつまでたっても体が弱く、他の子のように元気よく外で遊ぶような子どもにはなれませんでした。

それから数年後のことでした。
その年は雨がまったく降りませんでした。村中の畑は干上がり、タロ芋も果物も育ちません。村の男達は毎日海へ魚を捕りに出かけますが、それほどたくさん捕れませんでした。村人たちは、みんな毎日ひもじい思いをしていました。
ウルの家も例外ではありませんでした。息子のモクオラに食べさせる物がないのです。ウルは海へ魚釣りに出かけ、妻は浜辺でエビや海藻を取りました。両親はモクオラに少しでも栄養のあるものを食べさせようと一生懸命でした。
両親の努力にもかかわらず、モクオラは日に日にやせ細っていきます。

ウルと妻はこのまま息子が死んでしまうのではないかと気が気ではありませんでした。
ある日ウルが妻に言いました。
「魚や海藻だけではモクオラはますます衰弱するだけだ。このままでは、モクオラは死んでしまう」
妻はため息をつきました。
「本当にどうしたらいいのか……」
しばらくしてウルが言いました。
「わたしの命と引き換えに、モクオラを助けようと思う」
妻は夫の強い決意を感じました。
「いったいどうするの？」
ウルはじっと妻の目を見て言いました。
「わたしにも分からない。でも神様がきっと願いを聞き届けてくださるはずだ」

次の日の夜明け前に、ウルと妻は、前の日に捕ってきた魚を大きなティの葉に包んで、神様へ捧げる供物の準備をしました。つぎにウルは家の近くの小さな川で身を清め、きれいなマロ（ふんどし）を身に付けました。
しばらくして朝日が昇ると、ウルは供物を持って家を出ました。山を降りて海に向かい、ヒロの近くにあるワイルク川で再び身を清めてから神を祀っているヘイアウ（神殿）へ向かいました。
ヘイアウの前でウルは大きな声でチャントを唱えました。するとヘイアウの中から、カフナ（聖職者）が現れ、ウルを招き入れました。
ウルはカフナの前にひざまずきました。
「これは神様への捧げ物です。今日は神様にお願いがあってやってきました」

カフナはウルの願いを聞くと、祭壇にティに包まれた捧げ物を供えました。ウルは祭壇の前でひれ伏し、カフナは低い声でチャントを唱えはじめました。チャントの詠唱が終わるとカフナは神のお告げを受け取り、それをウルに伝えました。ウルは真剣なまなざしでカフナの言葉に耳を傾けました。

ウルは家に戻り、さっそく妻に神のお告げを伝えました。
「わたしは明日の朝までには死ぬだろう。そうしたら、わたしの体を家のそばの小さな川の近くに埋めておくれ」
ウルの妻はしばらくの間、無言で夫を見つめました。
「わかりました。あなたの言うとおりにするわ」
さらにウルは続けました。
「物音がしても、決して朝まで外を覗いてはいけない。これは約束だ。どうかモクオラを立派な戦士に育ててほしい」
そしてウルは静かに寝床に横たわり、やがて息をひきとりました。ウルの妻は、夫の魂が抜けた体を、指示された場所に埋めました。
その夜、家の外で何かが地面を突き破る音がしました。その後に葉がわさわさと揺れる音がして、そのうちに重い物が地面に落ちる音がしました。
ウルの妻はいったい外で何が起きているのだろうと気が気ではありませんでしたが、夫の言い付けどおり、決して外を覗きませんでした。

朝になりました。ウルの妻は恐る恐る外を覗いて、びっくりしました。家のまわりに青々とした何種類もの木や植物が生い茂っていて、どれも美味しそうな実がなっているのです。村中の人たちにも、十分に行き渡るほどたくさんの実がありました。
その中でもひときわ大きな木がありました。大きな丸い実をいくつもつけています。

「これはあの人の身代わりだわ」

彼女はその木に、夫の名前をとってウルと名づけました。

さっそく彼女は一番大きなウルの実*を神に捧げ、二番目に大きな実を焼いてモクオラに食べさせました。モクオラは美味しそうにウルを食べました。

モクオラは家のまわりに実るウルやそのほかの果物を食べて、日に日に元気よくなっていきました。そのうちに病気をしなくなり、他の子どものように外で遊べるようになりました。やがてモクオラは大きく成長し、父親の期待通りに誰もが認める立派な戦士になりました。

現在、ハワイ島ヒロ湾に浮かぶココナツ・アイランドという小島は、昔からハワイ語でモクオラと呼ばれ、癒しの島として知られています。この島にはウルの息子モクオラが埋葬されているということです。

＊ウルの実… ウルは栄養豊富な大きな実がなることで知られています。英名ブレッドフルーツ、和名パンノキと呼ばれるように、ハワイではタロの次に主食とされてきました。繁栄、豊さ、成長などの意味を持つので、ハワイアンキルトのデザインにも好まれます

ナウパカの伝説

カウアイ島に伝わるお話です。

ハーエナというところにナナウという青年と、カパカという娘がいました。ふたりは深く愛し合っている恋人同士でした。そして同じフラ・ハーラウ（フラの教室）に所属する生徒同士でした。

フラは神へ捧げるものです。フラを学ぶには覚悟がいりました。長い年月をかけて厳しい修行を積まなくてはならないからです。ナナウとカパカも、もう何年もクム（先生）のもとで修行を続けてきました。

ある日のことでした。それはちょうど明日にフラのウニキを控えた日でした。ウニキとは、厳しい修行を積んで、フラの技術をクムに認められた者だけが受けることのできる卒業式のようなものです。ウニキは、クムにとっても生徒にとっても特別の儀式です。そのためウニキの前は、身を清めるという意味でカプ（タブー）に入ります。カプの間は禁欲を強いられたり、特定の食べ物を禁止されたりと、いくつもの制限がありました。

しかしナナウとカパカにとって、離れて過ごすことなど耐えられませんでした。大切なカプの期間も、ふたりは人々の目を忍んで逢っていたのです。

そしてウニキの前日も、ナナウとカパカは人々が起きだす夜明け前に、こっそりと浜辺で逢っていました。しかし運の悪いことに、ウニキを前に、体を清めようと海にやってきた同じハーラウの青年と出くわしてしまったのです。

驚いた青年は、何も言わずにその場から走り去っていきました。

青年のうしろ姿を見ながら、ナナウが言いました。
「きっとクムに告げるだろう。ぼくらはもうハーラウには戻れない」
カパカは顔をこわばらせながら言いました。
「わたしたち、これからどうしたらいいの・・・」
しばらくふたりは無言でした。やがてナナウが沈黙を破りました。
「逃げるしかない。もう、ここにはいられない」
カプを破るということは、大きな罪でした。ハーラウに戻れないばかりでなく、死をもって償わなくてはならないかもしれません。
やがてカパカも強い決意を秘めた目でナナウを見つめました。
「分かったわ。あなたについていきます」
ふたりは着の身着のままで逃げることになりました。

あたりは次第に明るくなってきました。もうすぐ太陽が昇ってくるでしょう。ふたりはなるべく人に会わないように山の中を走って逃げました。
ナナウが言いました。
「できるだけ遠くへ行こう。捕まったら、きっとぼくらは引き裂かれてしまう」
ふたりは休むことなく、走り続けました。リマフリ川を渡り、マニニホオロ洞窟を通り過ぎました。
「待て！　おまえたち、カプを破ったな！」
ふたりが振り返ると、クムが鬼のような形相をして追いかけてくるのが見えました。
ナナウが叫びました。
「クムだ！　捕まったらおしまいだ！」
クムの叫び声がだんだんと近づいてきます。このままでは、じきに捕まってしまうでしょう。
息を切らせながら、ナナウは言いました。
「カパカ、ふた手に別れて逃げよう。必ず逃げ切って、キラウエア湾で落ち合おう」
カパカがこたえました。
「ナナウ、分かったわ。必ずまた会えるわね」
ルマハイ・ビーチまで来たところで、ふたりは別々の方向へ別れました。ナナウはすばやく崖を登って山のほうへ逃げ、カパカは浜辺の洞窟に隠れました。
ナナウとカパカがふた手に別れたのを見たクムは、迷わずナナウの登っていった崖に向かっていこうとしました。
このままではナナウが捕まってしまうと思ったカパカは、隠れていた洞窟から飛び出して、クムの前に立ちふさがりました。
「クム、お願いです！　許してください」
クムは、カパカの姿を見て、怒りで顔をまっ赤にさせました。

「カプを破った者を許すわけにはいかない！」
クムはカパカを殴り殺すと、すぐにナナウの後を追って山を登りはじめました。

一方、山へ逃げていったナナウは、かすかにカパカの叫び声を聞いたように思いました。恋人の身を案じたナナウは、登ってきた山を再び降りていきました。そして山の中腹のプウオマヌというところで、ナナウは怒り狂ったクムと遭遇しました。
「よくもわたしを裏切ったな！　許さんぞ！」
クムはナナウを何度も何度も殴りつけて、殺してしまいました。

ナナウとカパカが死んだ同じ日のことです。
ルマハイに住むひとりの漁師が、ちょうどカパカが死んだ浜辺で、これまで見たことのない植物を見つけました。それは黄緑色の厚手の葉に、半分からちぎられたような白い小さな花と、まるで涙が凍ったかのような白い小さな実をつけていました。
同じころ、ふたりの恋人を殺したクムも、はっと我に返ったあとで、ナナウが死んだその場所で同じように半分からちぎられたような白い小さな花を見つけました。
この植物は、ふたりの恋人の名前をとって「ナウパカ」とつけられました。海に育つほうはナウパカ・カハカイと呼ばれ、山に育つほうはナウパカ・クアヒヴィと呼ばれます。

こほれ話

ナウパカにまつわるほかのストーリー
身分が違う男女が、結婚を許されずに別れさせられたという話や、仲のよい恋人同士が、ペレに嫉妬されて離れ離れにさせられた話などです。
そんな伝説があるためか、山のナウパカと海のナウパカの花びらをひとつに合わせると、恋が叶うとも言われています。

ほかにもあるハワイの神話 7

虹の女神カハラオプナ

昔むかし、マノアの風カハウカニを父に、雨カウアフアヒネを母に持つカハラオプナという美しい娘がいました。彼女は残忍な夫に殺されてしまいますが、プエオの蘇生術によって生き返ります。その後、心優しい首長と再婚しますが、やがて死んでしまいました。カハラオプナを愛する祖父や両親は、毎日マノアに降る雨クアヒネ（トゥアヒネ）の雨のあとにかかる虹を見て、愛娘を思い出しました。

プアプアレナレナとほら貝

ハワイ島ワイピオに、プアプアレナレナという盗みがうまい犬がいました。あるとき首長のアヴァ*畑からアヴァを盗み、捕えられてしまいます。首長キハは夜ごと谷に響き渡るメネフネが吹くほら貝にうんざりしていました。そこでプアプアレナレナに、メネフネからほら貝を盗んできたら罪を免じるといったところ、プアプアレナレナは見事にほら貝を盗んできました。以来、そのほら貝はキハプー（キハの貝）と呼ばれるようになりました。

サメ男ナナウエ

ハワイ島ワイピオで、サメ神カモホアリイと人間の女性との間に生まれたナナウエは、背中に大きなサメの口がありました。大きくなるにつれてサメの本能を抑えきれず、サメの姿になってつぎつぎと人間を襲うようになります。やがて故郷を追われ、マウイ島ハナ、モロカイ島ハーラヴァへと逃げていきます。そこで人間に捕まり、切り刻まれてイムで焼かれました。実際にモロカイ島にはプウマノ（サメの山）、カイムマノ（サメのイム）という場所があります。

＊アヴァ … 植物アヴァ（カヴァ）の根をつぶして作る鎮静作用の強い飲み物。神に捧げたり、儀式で飲んだり、痛み止めなどに使われます

オヒアレフアの悲恋

昔、オヒアという若者とレフアという娘がいました。二人は深く愛し合っていました。
ある時、火山の女神ペレがオヒアに恋をして誘惑しますが、オヒアはペレの愛に応えることはありませんでした。
ペレの嫉妬は燃え上がり、オヒアとレフアに溶岩を流して殺してしまいます。
後にようやく冷静さを取り戻したペレは、深く後悔し、オヒアを木に、レフアをその木に咲く花に変えました。こうして二人の恋人は、永遠にひとつになることができました。
「レフアの花を摘むと雨が降る」と言われるのは、二人が引き裂かれて涙を流すからだそうです。

ファリック・ロック（カウレオナナホア）

かつてモロカイ島のナナホアでは、戦争のためにどんどん人口が減っていた時期がありました。そこで村のカフナ（聖職者）が、子どものいない女たちに、山の上にある男性器の形をした巨石に供物を捧げて、そこで一夜を過ごすようにと命じました。その通りにしたところ、全員が妊娠して帰ってきたと伝えられています。
この石は実在し、今でも妊娠を望む女性が供物を持って訪れるそうです。

スイートハート・ロック（プウペヘ）

昔、ラナイ島の王子がマウイ軍に勝利し、マウイの王女ペヘを連れてかえりました。王子は美しいペヘを深く愛し、失うことを恐れて彼女を海岸の洞窟に隠しました。しかし突然の嵐で洞窟は大波に襲われ、ペヘは溺れ死んでしまいました。
王子は深く悲しみ、ペヘの遺体を海に浮かぶ小さな岩山の上で葬り、そして岩の上から海へ飛び込んで自らの命を絶ちました。その岩山はプウペヘ（ペヘの山）として知られるようになり、今ではスイートハート・ロックと呼ばれています。

ハワイの神話を
より楽しむために

ハワイの神話って面白いな、と少し興味がでてくると、もっといろいろなことを知りたくなります。ここでは神話をただ読み物として終わらせるのではなく、肌で感じる楽しさをご紹介します。
地図を見ながら、神話の登場人物がそこで活躍している姿を想像してみてください。そして機会があれば、その場所に実際に行ってみてください。
神話は、わたしたちの心の中でずっと生き続けているのだと実感できるでしょう。

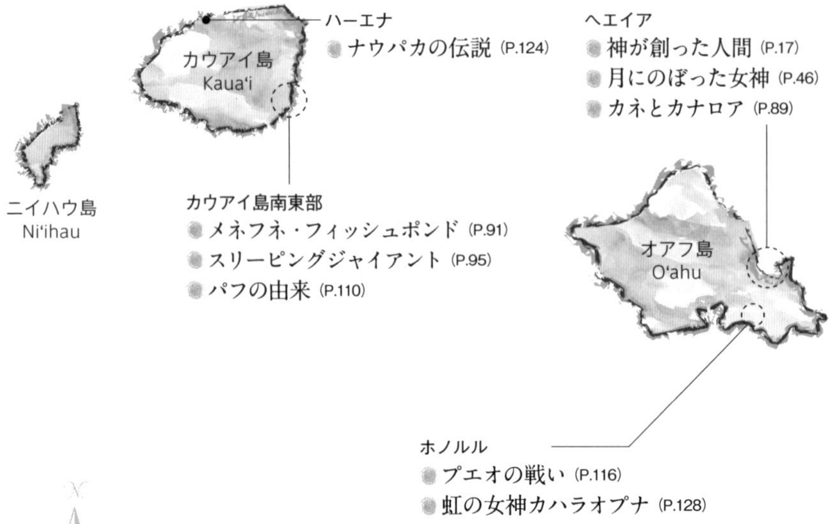

ハワイ神話マップ
Hawaiian Myth Map

神話の舞台となった場所を地図でみてみましょう。それぞれの場所を訪れたら、そこに伝わる神話を思い出してみてください。この地にヒイアカがやってきたのだ、などと思いを馳せると風景も違って見えてくるでしょう。またハワイアン・ソングが歌われている場所は、神話が伝えられていることも多いようです。

※ 地図ではおおよその場所を示しています

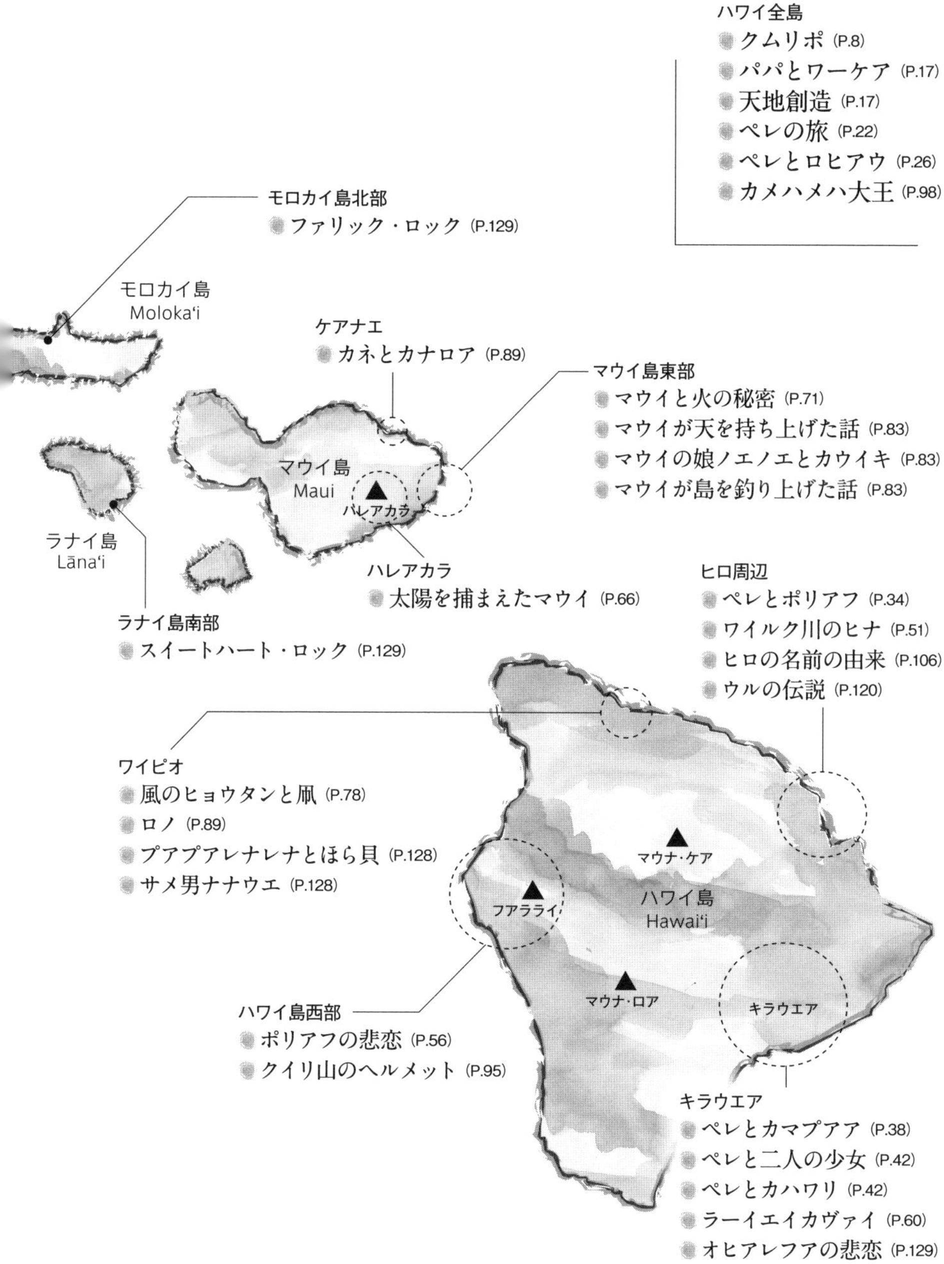
ハワイ全島
クムリポ (P.8)
パパとワーケア (P.17)
天地創造 (P.17)
ペレの旅 (P.22)
ペレとロヒアウ (P.26)
カメハメハ大王 (P.98)
モロカイ島北部
ファリック・ロック (P.129)
モロカイ島
Moloka'i
ケアナエ
カネとカナロア (P.89)
マウイ島東部
マウイと火の秘密 (P.71)
マウイが天を持ち上げた話 (P.83)
マウイの娘ノエノエとカウイキ (P.83)
マウイが島を釣り上げた話 (P.83)
マウイ島
Maui
ハレアカラ
ラナイ島
Lāna'i
ハレアカラ
太陽を捕まえたマウイ (P.66)
ラナイ島南部
スイートハート・ロック (P.129)
ヒロ周辺
ペレとポリアフ (P.34)
ワイルク川のヒナ (P.51)
ヒロの名前の由来 (P.106)
ウルの伝説 (P.120)
ワイピオ
風のヒョウタンと凧 (P.78)
ロノ (P.89)
プアプアレナレナとほら貝 (P.128)
サメ男ナナウエ (P.128)
マウナ・ケア
フアラライ
ハワイ島
Hawai'i
マウナ・ロア
キラウエア
ハワイ島西部
ポリアフの悲恋 (P.56)
クイリ山のヘルメット (P.95)
キラウエア
ペレとカマプアア (P.38)
ペレと二人の少女 (P.42)
ペレとカハワリ (P.42)
ラーイエイカヴァイ (P.60)
オヒアレフアの悲恋 (P.129)

ハワイの聖地を訪れてみよう -01-

ハーエナ Hā‘ena

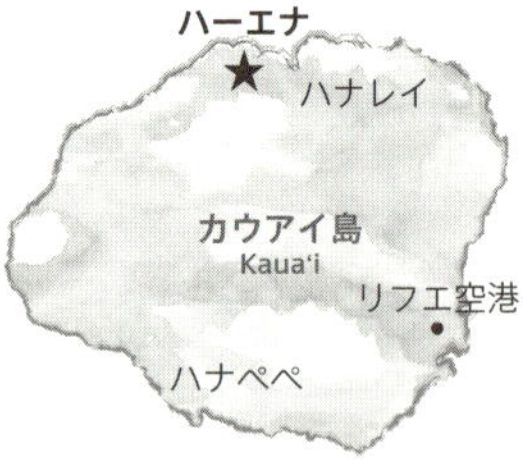

カウアイ島北部の地区ハーエナは神話の宝庫なので、カウアイ島を訪れたらぜひ行っておきたい場所です。写真のマニニホロ洞窟は、メネフネが自分たちの魚を狙っていた魔物を捕らえた場所だといわれています。近くにあるワイカナロア洞窟のほうには、カヒキからやってきたペレが安住の場所を求めて掘ったという言い伝えがあります。水の神である姉のナマカオカハイによって水浸しにされたので、ペレは別の地を求めて旅に出ました。そのため今でも洞窟には水がたたえられているそうです。このハーエナ地区は、ペレがロヒアウと恋に落ち、その後妹のヒイアカがロヒアウを迎えにやってきた「ペレとロヒアウ」の話の舞台となったところです。また「ナウパカの伝説」にあるように、二人の恋人が引き裂かれてナウパカの花になったところでもあります。少し離れたところにケ・アフ・オ・ラカというフラの女神ラカに捧げられたヘイアウがあります。

Memo

リフエから56号線のクヒオ・ハイウェイを北に向かってひたすら進みます。ルマハイ・ビーチを過ぎると、やがて左側にマニニホロ洞窟が現れます。このあたりがハーエナ地区です。その先の左側にはワイカナロア洞窟があります。

ハワイの聖地を訪れてみよう −02−

メネフネ・フィッシュポンド

Menehune fish pond（アレココ）

Memo

リフエから50号線カウムアリイ・ハイウェイを西に向かいます。じきにプピ・ロードを左折し、突き当たったらフレマル・ロードを左折します。しばらく行くと右手にフィッシュポンドが現れます。説明書きの銘板があるので目印にしてください。

ハワイ諸島の中で最も古いカウアイ島には、メネフネにまつわる神話がたくさんあります。写真は「メネフネ・フィッシュポンド」の神話が伝えられているフィッシュポンド（養魚池）です。草木が生い茂る中にひっそりとたたずむ光景はなんとも神秘的ですが、メネフネが大勢で手分けしながら石垣を積み重ねて造っている様子を想像してみると全く違って見えてくるから不思議です。またカウアイ島西部のワイメアにあるメネフネ・ディッチという用水路も、メネフネが造ったものとしてとても有名です。このフィッシュポンドからリフエの町を通り越してワイメア川の河口のあたりまで行くと、海に面したヘイアウが点在している場所があります。朝日に向かって儀式をしたヘイアウや、罪を許す儀式を行ったり、病を治したといわれるヘイアウがあります。またハワイの人々が描いた岩絵（ペトログリフ）も見ることができます。

ハワイの聖地を訪れてみよう －03－

ワイキキ Waikīkī

今では多くの観光客で賑わうワイキキですが、その昔、ここは水が豊富で食糧がふんだんにある豊かな土地でした。またサーフィンにも適していたので、古くから王族が好んで住んでいました。16世紀、首長カクヒヘヴァが植えたヤシの木は1万本もの林になり、今でもロイヤル・ハワイアン・ホテルとロイヤル・ハワイアン・センターのあたりに見られます。昔からワイキキは特別なヒーリング・パワーのある聖地とされ、ワイキキの海に浸かって病を癒す儀式などが行われていました。19世紀に白人によってもたらされた伝染病が大流行したときには、この地に療養所が建てられたそうです。またワイキキの隣のダイヤモンド・ヘッドはハワイ語でレアヒ（Lēʻahi）と呼ばれていて、昔はいくつかヘイアウが建てられ、カメハメハ大王もここで儀式を行ったといわれています。現在、世界中から大勢の人々がワイキキの海にやってくるのも、ここがヒーリング・スポットだからなのかもしれません。

Memo

ワイキキ・ビーチ中央にある交番の横に、タヒチのカフナがヒーリングの力を授けたと伝えられるワイキキの魔法石があります。ワイキキの史跡を巡るワイキキ・ヒストリック・トレイルの記念碑もあるので、これを参考にワイキキの聖地巡りを楽しんでみてください。

ハワイの聖地を訪れてみよう －04－

ヌウアヌ Nu'uanu

ヌウアヌはハワイ語で「涼しい高所」という意味です。雨が多く緑鮮やかな谷で、マナ（神秘の力）に満ちています。昔から王家が愛した場所として知られ、エマ女王の夏の宮殿（クィーン・エマ・サマーパレス）も、王族の墓地であるロイヤル・モザリウム（王家の霊廟）もこの地にあります。カメハメハ大王がオアフ軍を追い詰めたヌウアヌ・パリは、観光で訪れたことのある方も多いでしょう。たくさんの戦士が命を落とした戦場は、ナイト・マーチャーと呼ばれる戦士の幽霊が出るともいわれています。またパリ・ハイウェイは車に豚肉を積んで通ると車が故障するという言い伝えがあります。それはオアフ北部のコオラウ山脈の山中で生まれた豚神カマプアアをイメージさせる豚肉を、ペレが自分のテリトリーであるダウンタウン側に持ち込ませないためだとか。ほかにも、はじめて神がヘイアウを建てたのがこの地だったという話もあります。

Memo

ロイヤル・モザリウムはヌウアヌ・アヴェニューに面しています。エマ女王の夏の宮殿、ヌウアヌ・パリへ行くには、パリ・ハイウェイを使います。コオラウ山脈を通るときは雨になることが多いのですが、ぎざぎざの山ひだがとても緑鮮やかできれいに見えます。

ハワイの聖地を訪れてみよう -05-

ヘエイア He‘eia

ヘエイアにはたくさんの神話や言い伝えがあります。ヘエイア州立公園から見る海は、水色の部分と濃い青の部分とに分かれていますが、亡くなった魂はここで裁かれ、明るい方か暗い方に分けられるのだそうです。また、昔、戦争があったときに、大波が住人たちをいったん沖へさらい、戦いが終わった後で浜に返してくれたという話もあります。ほかにも公園の横にあるフィッシュポンドには、メヘアヌという神がモオ（トカゲ）の姿で守っているという話もあります。公園から海の向こうにはモカプ半島が見えますが、ここは現在アメリカ軍の基地になっているので自由に入ることはできません。モカプはカメハメハ大王がほかの首長たちを集めた神聖な土地で、大規模な墓地がありました。また四大神が土から人間を創った場所でもあります。さらに、モカプのマーエリエリという丘は、月の女神ヒナが月にのぼったところだそうです。

Memo

ヘエイア州立公園はカネオヘ湾にあります。広い公園ではありませんが、いろいろなハワイの植物も植えられていますのでゆっくり散策してみてください。ここから少し北にある海に浮かぶ小島チャイナマンズ・ハットは、ヒイアカが倒したモオの残骸だそうです。

ハワイの聖地を訪れてみよう −06−

ハレアカラ Haleakalā

Memo

いくつものカーブが続くハレアカラ・ハイウェイをひたすら登っていくと、頂上近くの展望台へ到着します。午後になると雲が出てくるので、午前中に到着するように行きます。天気がよければ、遠くハワイ島マウナケアとマウナロアを見ることができます。

「太陽の家」という意味のハレアカラは標高3055m、マウイで最も高い山です。強力なパワースポットだともいわれています。ハレアカラ全体が聖地で、山頂にはいくつものヘイアウが造られ、火口では儀式が行われていました。カフナが修行を受ける場所でもあったそうです。マウイ島の高位の首長たちの遺骨も、この山のどこかの洞窟に保管されているそうです。ハワイでは骨にはマナが宿ると考えられていたので、盗まれないように大切に隠されたのです。

神話の世界では、ハレアカラにはペレの兄カモホアリイが住んでいるともいわれています。ハレアカラは「太陽を捕まえたマウイ」の舞台で、マウイが太陽を待ち伏せして捕まえた場所です。またペレが永住できる火口を探してカウアイ島からハワイ島までの旅をする途中で、このハレアカラに立ち寄ったと伝える話もあります。

ハワイの聖地を訪れてみよう -07-

イアオ渓谷 ʻĪao Valley

緑豊かな渓谷の中で威風堂々とそびえるのが670mの高さのイアオ・ニードル（Kūkaʻemoku）です。海の神カナロアの男性器とも伝えられています。昔からマナに満ち溢れた聖地とされ、多くの人が巡礼に訪れました。王族が愛した場所で、たくさんの王族の遺骨がここのどこかに埋葬されているそうです。後にカラーカウア王も祖先の王族の遺骨を調査したそうですが、結局見つからなかったといわれています。このようにイアオ渓谷は昔からマウイの聖地であり、政治的中心地でもありました。そのためにここでは多くの戦いも行われました。かつてカメハメハ大王がマウイを攻め込んだときに、最後にこの渓谷にマウイ軍を追い詰めたそうです。カメハメハ大王が勝利を収めましたが、双方に多数の戦死者が出て、イアオ川は血で真っ赤に染まったといわれています。東マウイにあるハレアカラ（太陽の家）に対し、西マウイにあるイアオ渓谷とそれを取り囲む山々はハレマヒナ（月の家）とも呼ばれています。

Memo

カフルイからカアフマヌ・アヴェニュー、そしてイアオ・ヴァレー・ロードを進むとイアオ渓谷州立公園に到着します。豊かな自然に囲まれた美しい渓谷です。かつては灌漑設備が整えられ、タロイモ畑が広がり、大勢の人々が住んでいたそうです。

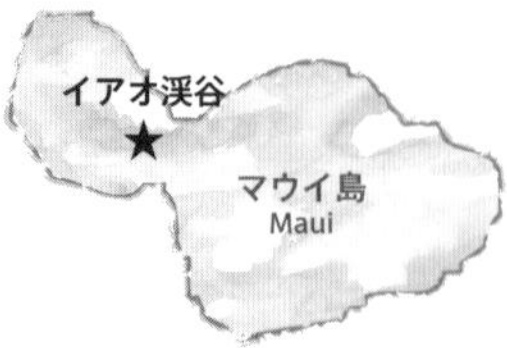

ハワイの聖地を訪れてみよう －08－

ハレマウマウ火口

Halema'uma'u

ハレマウマウ火口は巨大なキラウエア火口の中にあります。ここには火山の女神ペレが住んでいると信じられています。そのスケールの大きさと特別な雰囲気に、誰もが圧倒されるでしょう。今でもこの火口では、カフナとよばれる聖職者によって儀式が行われることがあります。キラウエア火口には、100年以上暖炉の火が燃え続けている有名なホテルのヴォルケーノ・ハウス、「ペレの涙」「ペレの髪の毛」と呼ばれる溶岩が展示されているトーマス・ジャガー博物館、溶岩が流れたあとにできた溶岩トンネルなどがありますので、ぜひ立ち寄ってみてください。また流れる溶岩を見るツアーもお勧めします。真っ赤に燃えた溶岩が流れる様はとても感動的です。でもその時に記念にと溶岩を持ち帰ることはタブーです。禍を招くという言い伝えがあるからです。実際にハワイ火山国立公園には今でも多くの溶岩が送り返されてくるそうです。

Memo

キラウエア火口を一周するクレーター・リム・ロードをゆっくりと走ってみると、その巨大さが実感できます。途中からチェーン・オブ・クレーターズ・ロードに入り、しばらく下っていくと見渡す限り黒い溶岩が広がる光景を目にすることができます。

ハワイの聖地を訪れてみよう -09-

ワイピオ Waipi'o

ワイピオ展望台から臨む青い海と緑の渓谷はとても美しく、時間が止まっていると感じられるほどです。ここは昔からたくさんのマナが宿るといわれ、渓谷全体が聖地といえます。神秘的な雰囲気は「王家の谷」という呼び名がぴったりで、高位の首長の遺骨がいまもどこかに眠っていると伝えられます。ワイピオは古くからハワイアンが住み着いた場所と伝えられていて、そのせいかこの地には神話がたくさん残されています。神ロノはこの地に住む美女を妻にするために、天から虹をつたって降り立ちました。また「サメ男ナナウエ」が生まれた場所でもあり、「プアプアレナレナとほら貝」の舞台でもあります。近年になって、また新たな伝説が作られました。1946年に大津波に襲われたのですが、誰ひとり犠牲者がでなかったそうです。それはこの地がマナに守られているからだということです。渓谷の奥にあるヒイラヴェの滝には、さまざまな言い伝えがあります。

Memo

ワイピオ渓谷の谷底へ降りるには、シャトルバスや馬車のツアーで行くことをお勧めします。地元の人がガイドしてくれて、家族が所有するタロイモ畑に案内してくれます。ワイピオの生活、歴史、いろいろな植物などの説明を聞くことができます。

ハワイの聖地を訪れてみよう −10−

ヒロ Hilo

Memo

ココナツ・アイランドは、リリウオカラニ庭園とヒロ・ハワイアンホテルの間の橋を渡っていきます。ナハ・ストーンはワイアヌエヌエ通り沿いの市立図書館前にあります。そのままワイルク川沿いに通りをのぼっていくとレインボー・フォールズに到着します。

ヒロはフラの大会「メリー・モナーク・フェスティバル」で毎年賑わいますが、普段はとても静かな街です。ハワイ島の行政の中心ですが、のんびりしたハワイの田舎町の雰囲気が残っています。写真はココナツ・アイランド、ハワイ語でモクオラ（Mokuola）ですが、この島にはウルの木になった父親の息子にまつわる話や、マウイが釣り上げた島だという話などが伝えられています。またこの島の湧水を飲めば病が治り、この島の周りを泳いで回ると長生きできるそうです。島にはマナが宿る石があり、昔は生まれた子供の健康を祈って、へその緒をその石の下に隠しました。ほかにもヒロにはカメハメハ大王が少年時代に持ち上げた巨石ナハ・ストーンや、月の女神ヒナが住んでいたレインボー・フォールズがあります。ヒロは雨が多いことでも有名ですが、ヒロでよく降る霧雨はカニレフアと呼ばれます。「レフアの花をさらさらと音をさせるように降る雨」という意味だそうです。

神話をより楽しむための書籍

英語と本の内容のレベル
★☆☆ … 初心者向け　★★☆ … やや上級者向け　★★★ … 上級者向け

英語の本

HAWAIIAN MYTHS OF EARTH, SEA, AND SKY

Vivian L. Thompson
University of Hawaii Press
★☆☆

四大神、ペレ、マウイ、ヒナなどのお馴染みの神様が登場する神話が、イラストとともに紹介されています。一話が短く、英語も簡単。薄めの本なので、英語が苦手な人にもお勧めです。

STORIES OF OLD HAWAI'I

Roy Kakulu Alameida
The Bess Press
★☆☆

植物、動物、工芸品、スポーツ、音楽などに関係する短い神話を集めた本です。一話が短く、英語も簡単です。昔のハワイの暮らしぶりも伺えます。ハワイの神話の魅力が満載です。

PLACE NAMES OF HAWAII

Mary Kawena Pukui, Samuel H. Elbert & Esther T. Mookini ／ University of Hawaii Press
★★☆

ハワイの地名辞典。名前の意味が分かります。ハワイの神話の中に地名が出てきたら、この地名辞典で調べてみると、面白い神話と巡り合えることがあります。

日本語の本

ペレ　ハワイの火山の女神

ハーブ・カワイヌイ・カーネ著
ホクラニ・インターナショナル

ペレにまつわる神話・伝説をわかりやすく全般的に網羅し、ハワイでロングセラーとなっている「PELE」の日本語版。カラーで描かれた印象的な絵が魅力で、読みやすい本です。

The Legends and Myths of Hawai'i
Kalakaua
Mutual Publishing
★★★

ハワイ王朝第７代目のカラーカウア王が著したハワイの神話本。分厚いペーパーバックで、しかも文字も小さいので、気になるお話から少しずつ読んでみてはいかがでしょう。

HAWAIIAN MYTHOLOGY
Martha Beckwith
University of Hawaii Press
★★★

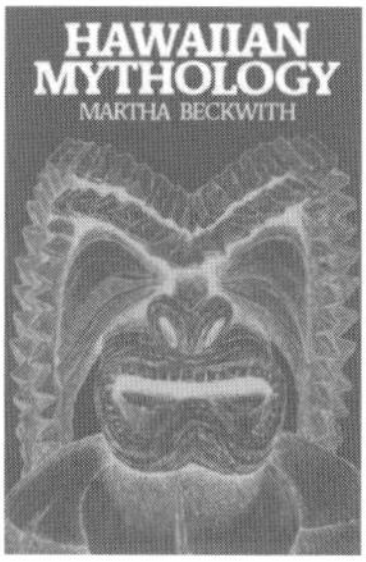

ハワイの主な神話が紹介されています。ハワイの神話をポリネシア各地に伝わる話と比較しています。ハワイ神話の専門書。ハワイ神話好きなら手元に置いておきたい一冊です。

南島の神話
後藤明
中公文庫

マウイ、ペレ、ヒナなどの主な神話について、ハワイをはじめポリネシアの各地に伝わる話を紹介しています。「クムリポ」の一部も翻訳されています。とても分かりやすく説明されていますし、値段も手ごろなのでお勧めです。

ホノルル&オアフ島　ハワイの島シリーズ
地球の歩き方
ダイヤモンド社

ハワイの神話・歴史、ホノルルの史跡について詳しく紹介されています。各島のガイドブックを揃えることをお勧めします。神話の中で地名が出てきたら、そのたびに地図を確認する癖をつけると、より神話が身近になります。

参考文献

A Kauai Reader / Chris Cook / Mutual Publishing

Exploring Lost Hawaii / Ellie and William Crowe / Island Heritage

Folktales of Hawaii / Mary Kawena Pukui with Laura C. S. Green / Bishop Museum Press

Hawaii Island Legends, Pikoi, Pele and Others / Mary Kawena Pukui, Caroline Curtis / Kamehameha School Press

Hawaiian Legends of Volcanoes / William D. Westervelt / Mutual Publishing

Hawaiian Mythology / Martha Beckwith / University of Hawaii Press

Hawaiian Myths of Earth, Sea, and Sky / Vivian L. Thompson / University of Hawaii Press

Hilo Legends / Framces Reed / Petroglyph Press

Kamehameha / Susan Morrison / University of Hawaii Press

Kumulipo　A Hawaiian Creation Chant / Martha Warren Beckwith / University of Hawaii Press

Mauna Kea / Leslie Lang & David A. Byrne / Watermark Publishing

More Kauai Tales / Frederick B. Wichman / Bamboo Ridge Press

Myths and Legends of Hawaii / William D. Westervelt / Mutual Publishing

Na Pule Kahiko, Ancient Hawaiian Prayers / June Gutmanis / An Editions Limited Book

Pele, Goddess of Hawai'i's Volcanoes / Herb Kawainui Kane / The Kawainui Press

Place Name of Hawaii / Mary Kawena Pukui, Samuel H. Elbert & Esther T. Mookini / University of Hawaii Press

Shoal Of Time / Gavan Daws / University of Hawaii Press

Stories of Old Hawaii / Roy Kakulu Alameida / The Bess Press

Tales of the Menehune / Mary Kawena Pukui , Caroline Curtis / Kamehameha School Press

Teller of Hawaiian Tales / Eric Knudsen / Mutual Publishing

The Legend of Laʻikeikawai / Dietrich Varez / University of Hawaii Press

The Legends and Myths of Hawaiʻi / Kalakaua / Mutual Publishing

The Water of Kane and Other Legends of the Hawaiian Islands / Mary Kawena Pukui, Caroline Curtis / Kamehameha School Press

あとがき

ハワイ通いも20年以上になりました。ハワイへ行くたびにいつも神話の本を抱えて帰ってきます。わたしはハワイ文化のすばらしさを神話の本から教えてもらいました。
ハワイも日本と同じように八百万の神々の存在を信じていますし、神話も共通しているところがたくさんあります。神話は先祖から伝えられた知恵であり真理です。ハワイと日本とは深いところで繋がっているのを感じます。

いつかハワイの神話を紹介したいと思っていたときに、『フラレア』が創刊されたことを知りました。それまでフラやハワイ文化をきちんと扱う雑誌などなかったので衝撃的なことでした。居ても立ってもいられずに連絡したことを覚えています。その『フラレア』でハワイの神話を紹介させていただけるようになり、長年の夢が叶いました。
まだまだ知らないことばかりで、不十分なところがたくさんあることをお詫びします。これからも少しずつハワイの神話を学んでいきたいと思っています。
フラレア編集長の平井さん、編集の橘田さん、森山さん、スタッフのみなさま、そしていつもイラストを描いてくださるローズ孫福里可さん、いつも感謝しております。
そして何より愛するハワイに心から感謝します。ALOHA

2009年4月
新井朋子

文踊社 出版ラインナップ

www.bunyosha.com

フラレア特別編集

フラ事典（改訂版）

フラレア編集部 刊　Kawehi Miller

もっとフラを楽しむために
ハワイの人々からのすてきな
エッセンスをお届け

価格：2,200円（税込）　ISBN978-4-904076-01-9

フラレア特別編集

フラ事典2

瀬戸 みゆき

フラ初心者はもちろん
上級者まで「知りたいこと」が、
わかる1冊

価格：2,960円（税込）　ISBN978-4-904076-03-3

ハワイアン・メレ 1001曲ミニ全集

これでわかる！
1001曲のハワイアン・ソングの歌詞と歌に
込められたメッセージ

定価：7,800円（税込）　ISBN978-4-904076-10-1

ハワイアン・メレ ミニ全集 プラス301曲

1001曲に続く第2弾！
301曲のハワイアン・ソングをご紹介

定価：3,200円（税込）　ISBN978-4-904076-15-6

文踊社 出版ラインナップ

www.bunyosha.com

800ページにおよぶスーパーカーの詳細な研究書

「スーパーカー誕生」

Real Birth of the SUPERCAR

沢村慎太朗　著

著者、沢村慎太朗による長年にわたるスーパーカー研究の集大成。内外の膨大な資料を解析しながら当時のエンジニアにインタビューしたスーパーカー研究の新しい一歩を記した1冊。

定価4,980円（税込）
ISBN978-4-904076-08-8

沢村慎太朗の論考はずしりと重い

「午前零時の自動車評論1」

沢村慎太朗　著

自動車評論家沢村慎太朗が思いのたけを吐き出すかのように書いた自動車評論集。「真理は夢とような新品の非現実と、味気ない劣化の間に」存在する。夢だけを追いかけず、現実に打ちひしがれず。その強さだけが……。

定価1,575円（税込）
ISBN978-4-904076-19-4

森 慶太のド正論

「別冊モータージャーナル」

森 慶太　著

自動車評論家森慶太が骨太な視線で語るストレートな自動車評論集。なぜ日本のロクでもないクルマはロクでもないのか？「紙に鉛筆で字を書くように」ストレスなく当たり前に運転できるクルマが減って行くのか？

定価1,575円（税込）
ISBN978-4-904076-20-0

新井 朋子
『マナ・カード ハワイの英知の力』を翻訳し、ハワイ文化を学ぶマナ・カードアカデミーを設立。『フラレア』誌内で「モオレロ（ハワイの神話）」「ポーマイカイ」を、携帯サイト『Aloha Sound』でハワイの神話、聖地、ハワイアンソング訳詞を連載中。フラレア特別編集「マナ・カードによる占い ポーマイカイ」（ネコ・パブリッシング刊）のほか、歌詞翻訳、共著、翻訳書多数。
www.hokulani-intl.co.jp

HULA Lea 特別編集
ハワイの神話
モオレロ・カヒコ

2009年5月15日 第1刷発行
2010年4月30日 第2刷発行
2012年8月31日 第3刷発行

著　　者　新井 朋子
装丁デザイン・レイアウト　小森 遥香（株式会社文踊社）
表紙イラスト・挿画　ローズ孫福里可
編　　集　橘田 みどり、森山 裕美子（フラレア編集部）

印刷・製本　図書印刷株式会社

発行人　平井 幸二
発売元　株式会社 文踊社
〒220-0011 神奈川県横浜市西区高島 2-3-21 ABEビル4F
TEL 045-450-6011
info@hulalea.com

本書はフラレア10号～35号までに掲載したものを加筆修正いたしました。

ISBN 978-4-904076-09-5

価格はカバーに表示してあります。